clave

Dale Carnegie nació en 1888 en Missouri. Escribió su famoso libro *Cómo ganar amigos e influir sobre las personas* en 1936, ahora un best seller internacional. En 1950 se creó la Fundación Dale Carnegie Training. Carnegie falleció poco tiempo después, en 1955, dejando un legado de principios esenciales en sus libros. En la actualidad, su fundación cuenta entre sus clientes con cuatrocientas de las empresas más importantes del mundo. Entre sus obras podemos destacar: *Cómo ser un buen líder*, *Acepta el cambio para lograr el éxito*, *Cómo darle un impulso a tu (nueva) carrera* o *Camino fácil y rápido para hablar eficazmente*.

Para más información, puedes visitar su página web:
www.dalecarnegie.com

DALE CARNEGIE

Cómo darle un impulso a tu (nueva) carrera

Traducción de
Susana Olivares Bari

DEBOLS!LLO

Papel certificado por el Forest Stewardship Council®

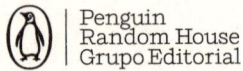
Penguin
Random House
Grupo Editorial

Título original: *How to Jumpstart Your (Next) Career*
Primera edición: enero de 2024

Printed in Spain – Impreso en España

ISBN: 978-84-663-7069-1
Depósito legal: B-17.864-2023

Impreso en Black Print CPI Ibérica
Sant Andreu de la Barca (Barcelona)

P 3 7 0 6 9 1

ÍNDICE

PREFACIO

Para la gran mayoría de nosotros lo más importante en la vida es el trabajo. Sea que nos dediquemos a ensamblar partes en una línea de producción, que trabajemos como oficinistas o representantes de ventas en el campo, que seamos médicos, dueños de un pequeño negocio, ingenieros o profesores universitarios, pasamos más tiempo dedicados a nuestras ocupaciones laborales que a la mayoría de los demás segmentos de nuestra vida.

Algunos elegimos nuestra carrera sólo después de llevar a cabo una cuidadosa investigación relacionada con la misma, otros pasamos por una rigurosa educación o por un prolongado entrenamiento para conseguir nuestros empleos y otros más terminamos dedicándonos a lo que hacemos de manera fortuita. A algunos nos fascina el trabajo que elegimos, otros lo detestan y otros más lo toleran, pero sin sentirse realmente felices con lo que hacen.

Muchos consideramos que nuestro puesto actual es sólo un peldaño en la escalera de nuestra trayectoria profesional, donde cada paso nos conduce a un puesto superior. Trabajamos con empeño y nos esforzamos lo más que podemos para adquirir las habilidades y conocimientos que garanticen nuestro ascenso. Pero algunos nos sentimos perfectamente satisfechos con el trabajo que tenemos y no hacemos esfuerzo alguno por avanzar. Aunque el presente libro está escrito tanto para hombres como para mujeres de la primera categoría, permanecer en el puesto que tenemos en la actualidad

hasta el día en que nos jubilemos no es nada de lo que tengamos que avergonzarnos.

En algunos trabajos las oportunidades de avance significa-
rían eliminar aquello que nos fascina de nuestro trabajo. Marcy
era maestra de ciencias sociales en una de las escuelas públicas
de la ciudad de Nueva York. En 2010 recibió un premio por
ser la mejor maestra de todo el sistema educativo de la ciudad.
Se le alentó a que solicitara un puesto como asistente de dirección, pero no quiso hacerlo. Como dijo Marcy: "Mi fuerte y
mi adoración es trabajar con alumnos. No tengo deseo alguno
de cambiar a un puesto administrativo". Marcy jamás se arre-
pintió de su decisión y sigue disfrutando de enseñar y de tener
un trato directo con sus alumnos día con día.

Es posible que algunos busquemos ascender pero que, al
alcanzar un puesto administrativo, no nos sintamos felices.
Que nuestra verdadera pasión se encuentre en trabajar en
nuestra especialidad y que lo extrañemos al subir de puesto.
Cuando Chales Kettering, inventor del sistema de encendido
eléctrico y docenas de otros productos, se convirtió en vicepresidente de General Motors, no se sintió satisfecho en su
puesto administrativo y pidió que se le reasignara a un cargo
en el que pudiera concentrarse en sus habilidades creativas.

No obstante, si somos el tipo de persona que verdaderamente desea abrirse paso en nuestra profesión, debemos investigar el tipo de puestos con los que nos toparemos a medida que
subimos la escalera laboral. En el mundo de los negocios hay
dos rutas que podemos tomar para avanzar en nuestra trayectoria. Una es la ruta gerencial, en la que supervisemos personas
y procesos. La otra es la ruta del personal, en la que quizá no
tengamos ninguna responsabilidad de supervisión, pero en la
que lidiemos con todo tipo de asuntos administrativos.

En la primera sección de este libro discutiremos la preparación que debemos tener para hacernos merecedores de un
ascenso. Para triunfar en las tareas de supervisión o administrativas, debemos crear una actitud profesional: una imagen

que debemos proyectar a nuestros jefes, subordinados y colegas. Además, debemos desarrollar nuestra propia marca personal: aquello que nos distingue (y en lo que somos superiores) al compararnos con otros empleados que quizá estén compitiendo con nosotros para avanzar.

Esta sección general irá seguida de una discusión detallada de la manera en que podemos adquirir algunas de las facetas más importantes para un puesto gerencial:

- **Nuestra capacidad para procesos administrativos básicos:** planeación, delegación y manejo del tiempo.
- **Potenciar nuestras habilidades de gestión de personas:** conocer y motivar a nuestro personal.
- **Perfeccionar nuestras habilidades para hablar en público:** preparar y elaborar presentaciones orales efectivas.
- **Mejorar nuestras habilidades para escribir:** cartas profesionales, memos, informes y correos electrónicos.

Después de hablar de cómo prepararnos para avanzar, discutiremos los pasos a seguir para desarrollar nuestra profesión. Estos pasos incluirán:

- **Ascender dentro de nuestra organización actual:**
  - Analizar oportunidades
  - Lograr visibilidad
  - Cambiar a un puesto diferente
  - Ascensos

- **Fuentes para buscar un nuevo empleo:**
  - Agencias de empleos
  - Reclutadores ejecutivos
  - Orientadores laborales
  - Red de contactos

- **Herramientas para buscar un empleo:**
  - Escribir y utilizar el currículum
  - Cómo vendernos en una entrevista

- **Cambiar de profesión a medio camino:**
  - Tomar la decisión
  - Elegir una nueva profesión

Avanzar en nuestra trayectoria profesional puede ser una experiencia gratificante y emocionante. No sólo ganamos en términos económicos, sino que aumenta nuestro estatus dentro de nuestra organización y comunidad. Y, todavía más importante, potenciamos nuestra satisfacción laboral. El avance laboral no es tarea fácil, pero si de veras deseamos abrirnos camino en el campo de nuestra elección y estamos dispuestos a hacer lo necesario, bien valdrá la pena.

CAPÍTULO 1

CÓMO CREAR UNA ACTITUD PROFESIONAL

No importa cuán estrecho sea el camino,
ni cuán cargada de castigos la sentencia,
soy el amo de mi destino,
soy el capitán de mi alma.
WILLIAM E. HENLEY

Para parafrasear a Shakespeare, hay algunas personas que nacen para el éxito, otras lo alcanzan y otras más sobre las que el éxito se impone. La mayoría no nacemos para el éxito, ni se nos impone. Es necesario que lo alcancemos mediante una adecuada planeación, un trabajo esforzado y, más importante, por medio de un compromiso con el logro del éxito en nuestras profesiones. No podemos depender de que otros lo logren por nosotros; debemos obtenerlo por nuestra propia mano. Debemos tomar el control de nuestra trayectoria profesional desde sus etapas más iniciales y jamás perderlo.

El primer paso en el camino al éxito es crear una imagen personal que proyecte nuestro compromiso con el logro dentro de nuestra profesión. Nuestra imagen personal es el mensaje que enviamos y el mensaje que otros reciben de nosotros. Se refleja en las señales que enviamos a los demás a través de nuestras palabras y acciones. Es la forma en que deseamos destacarnos de la muchedumbre y lograr que los demás nos recuerden. Queremos que se nos conozca como solucionadores de problemas, como miembros destacados del equipo y como agentes diplomáticos del cambio. Queremos que nos perciban como refinados, profesionales y amistosos. Esta imagen no puede fingirse; debe ser genuina y auténtica.

Cómo aumentar la confianza en ti mismo

Un ingrediente esencial para crear y conservar una imagen personal fuerte es la confianza en ti mismo. Algunos de los elementos de esta confianza incluyen:

Autoaceptación

La autoaceptación proviene de nuestra capacidad para aceptarnos como seres humanos al tiempo que nos centramos en nuestro lado positivo: las fortalezas y cualidades positivas que nos hacen quienes somos. Cuando nos centramos en estas áreas, tanto la confianza como nuestra autoestima se ven influidas de manera positiva. Es muy frecuente que las personas se enfoquen en sus debilidades y no en sus fortalezas. Esto es más dañino que positivo. Debemos ayudarnos a nosotros mismos, y a los demás, a centrarnos en nuestras cualidades positivas.

> *Formula y graba en tu mente, de manera indeleble, una imagen mental de ti mismo como exitoso. Aférrate a esa imagen con tenacidad. Jamás permitas que se desvanezca. Tu mente buscará darle vida a dicha imagen... No construyas obstáculos en tu imaginación.*
> NORMAN VINCENT PEALE

Autorrespeto

La clave para desarrollar el autorrespeto es centrarse en los éxitos y logros pasados y respetarnos a nosotros mismos por las cosas buenas que hemos hecho. Es mucho más fácil centrarse en los fracasos. Otras personas siempre estarán más que dispuestas a señalárnoslos. Nuestra perspectiva cambia y nuestra confianza aumenta cuando dedicamos tiempo a la contemplación de nuestros éxitos.

Un valioso ejercicio que podemos hacer es crear un Inventario de Éxitos. Éste es una lista de nuestros éxitos y logros a lo largo de nuestra vida. Al principio podrá parecer difícil crearla, pero con algo de persistencia podremos añadirle cada vez más para apuntalar nuestra confianza. Toma una carpeta y empieza a colocar símbolos positivos y registros de tus éxitos hoy mismo. Podemos incluir cartas de maestros donde nos felicitaron por algún trabajo escolar, memos de empleadores acerca de las contribuciones que hicimos en el trabajo, correos electrónicos de compradores y clientes donde nos dan las gracias por nuestro buen servicio, cartas de agradecimiento de organizaciones sin fines de lucro a las que contribuimos por medio de tiempo y esfuerzo, y papeles semejantes. Además, crea una bitácora en la que puedas anotar tus logros y otros elementos que te hagan sentir especialmente orgulloso. Cuando nos sintamos tristes o incapaces de afrontar alguna situación en particular, podemos recurrir a este archivo para recordarnos que hemos triunfado antes y que podemos hacerlo de nuevo.

Diálogo interno

Todos llevamos a cabo un «diálogo interno»; son las cosas que nos decimos acerca de nosotros mismos. Cuando añadimos los puntos antes mencionados creamos un diálogo interno positivo sustentado en la evidencia, un argumento que se sostiene bajo escrutinio. Mientras más poderosa y contundente sea la evidencia, más creíble y poderoso será el mensaje. Este diálogo interno positivo es una herramienta para recuperar el control de lo único sobre lo que deberíamos tener un control absoluto: nuestros pensamientos.

Toma de riesgos

También podemos fortalecer nuestra confianza propia si estamos dispuestos a tomar riesgos.

Podemos abordar las nuevas experiencias como oportunidades para aprender, más que como ocasiones en las que quizá ganemos o perdamos. Hacerlo nos abre nuevas posibilidades y puede aumentar nuestra autoestima. No hacerlo inhibe el crecimiento personal y refuerza la creencia que podamos tener de que una nueva posibilidad podría implicar un fracaso.

Primeras impresiones

Las primeras impresiones son las más duraderas. Dado que los humanos somos seres muy visuales, más de la mitad de la impresión que creamos se basa en lo que las personas pueden ver.

Apariencia

Es cierto que las personas juzgan los libros según sus portadas. Es más que probable que la impresión que causemos se vea influida por nuestro aspecto personal. Eso no significa que tengamos que ser un Adonis o una Venus para impactar a los demás, pero debemos mostrarnos pulcros, aseados y vestidos de manera apropiada.

La apariencia cuenta, sea que nos estemos reuniendo por primera vez con los ejecutivos que quizá determinen nuestro futuro dentro de nuestra propia empresa, o si nos presentamos a una entrevista para un trabajo nuevo. Cómo nos vemos puede dañar, o mejorar, nuestras probabilidades. El atuendo, peinado, limpieza y postura tienen un impacto poderoso sobre esa primera impresión.

A continuación, algunas maneras en que podemos garantizar que nuestra apariencia cause una buena impresión incluso antes de ese primer apretón de manos:

- **Elige ropa conservadora.** Una regla sencilla a seguir es que suele ser mejor mostrarnos conservadores con la ropa que elegimos ponernos. Debes evitar la ropa inusual que llama la atención por sí misma y no sobre el que la viste. Asegúrate de que tu atuendo sea actual. Jamás olvides que el cabello bien arreglado, los zapatos boleados, el uso adecuado del maquillaje y otros indicadores visibles del arreglo apropiado son algo que los demás notan de inmediato (sea de manera consciente o inconsciente) cuando nos conocen por primera vez.
- **Evita un aspecto descuidado.** Las uñas sucias, las manchas en el área de las axilas, los puños deshilachados, el cabello despeinado, una barba descuidada y los zapatos raspados anuncian una falta de pulcritud y mal gusto.
- **Vístete con ropa formal.** La primavera pasada una recién graduada universitaria decidió usar chanclas cuando asistió a su entrevista como asistente de laboratorio en un hospital. Su potencial supervisora la rechazó, y cuando la persona que la había recomendado le preguntó la razón por la que lo hizo, la supervisora respondió que temía que la solicitante no tomara su trabajo con la seriedad debida y mencionó su uso de calzado informal.
- **Júzgate a ti mismo.** Una autoevaluación crítica puede corregir o evitar pifias. Debemos revisar nuestra apariencia frente a un espejo antes de reunirnos con personas nuevas. También debemos pedirles a personas exitosas que evalúen nuestro aspecto. Muchas estarán más que felices de darnos recomendaciones en cuanto a cómo mejorar nuestra apariencia y vestirnos de manera apropiada para el tipo de persona u organización con quienes nos reuniremos.

- **Observa cómo se visten las personas exitosas en la organización.** La ropa y el tipo de peinado adecuado varían según el trabajo y la industria. Por ejemplo, los hombres y las mujeres que se dedican al mundo de las modas deben estar muy al tanto de las últimas tendencias para así incorporarlas a sus atuendos. Es más probable que las personas que trabajan en la industria del entretenimiento se vistan de manera casual y lleven peinados más contemporáneos. Por ejemplo, es poco probable que un diseñador gráfico que asista a una junta de negocios con un saco deportivo cause sorpresa, pero si un banquero se vistiera con ropa casual para una reunión de trabajo, se consideraría inapropiado.

Muéstrate accesible

Cuando entramos en una habitación llena de ejecutivos, clientes o asociados, cada persona se preguntará de manera intuitiva si nos percibe como accesibles. Si la respuesta es sí, las conversaciones que entablemos iniciarán de manera fácil y cómoda. Haremos nuevos amigos y crearemos nuevos contactos. Sin embargo, si la respuesta es no, no se darán conversaciones significativas. A causa de esto perderemos oportunidades para crear conexiones y fortalecer nuestra red de contactos.

> *Imagina que cada persona a la que conocemos tiene un cartel que cuelga de su cuello que indica: "Hazme sentir importante". No sólo triunfaremos en las ventas, sino que triunfaremos en la vida.*
> Mary Kay Ash, fundadora de Mary Kay Cosmetics

Primeras impresiones por teléfono

A menudo nuestro primer contacto con otra persona es a través del teléfono. Puede tratarse de un cliente, de un empleador potencial, de alguien que está solicitando un puesto en nuestro departamento o equipo, o del representante de algún organismo gubernamental. La imagen que proyectemos en esa llamada telefónica puede afectar la forma en que nos perciben, o a la empresa que representamos.

Jennifer estaba molesta. La lavadora que acababa de comprar apenas un mes antes había dejado de funcionar. Llamó a la tienda y pidió hablar con el gerente. Después de seis timbrazos, alguien respondió: "Enseres Domésticos Jones, un momento, por favor". Esperó y esperó durante lo que se sintió como una eternidad. Justo al momento en que Jennifer estaba a punto de colgar para marcar de nuevo, la operadora volvió a la línea:

—Enseres Domésticos Jones, ¿en qué puedo ayudarle?

—¿Me puede comunicar con el gerente?

—¿De qué se trata?

—Compré una lavadora hace un mes y ya no funciona.

—Entonces no quiere hablar con el gerente; la voy a comunicar con el departamento de servicio técnico.

Después de otra larga espera, al fin contestó un representante del servicio técnico. A la mitad de la explicación de Jennifer, el representante la interrumpió:

—Perdón, pero no la podemos ayudar. Tiene que comunicarse con el fabricante. Los datos están en su garantía —sin esperar a que respondiera, le colgaron. Es muy poco probable que Jennifer vuelva a comprar algo más en esa tienda.

Si queremos causar una buena impresión sobre la persona que llama, hay que contestar el teléfono con prontitud. Si trabajamos en un área de servicio a clientes y sabemos que la persona tendrá que esperar durante cierto tiempo, es necesario programar el teléfono para que le avise al cliente que todavía estamos atendiendo su llamada y darle la opción de que siga esperando o que pida que se le devuelva la llamada. Cuando atendamos a la persona, debemos dejarla hablar hasta que termine de expresar su queja o mensaje. Si no podemos brindarle ayuda es necesario dar la mayor cantidad de información posible para que obtenga la asistencia que necesita. Antes de terminar la llamada debemos preguntar a nuestro interlocutor si tiene toda la información necesaria o si podemos hacer alguna otra cosa para resolver su problema. No olvidemos decir "gracias" antes de colgar.

Nuestra correspondencia también crea una primera impresión

Cuando Warren asistió al seminario de gestión del tiempo, se le dijo que el lapso que pasaba escribiendo cartas de negocios podía reducirse de manera significativa si tan sólo escribía su respuesta al final de la carta y la enviaba de regreso a quien se la había mandado. Warren implementó esta sugerencia de inmediato. Sin duda le ahorró mucho tiempo, pero al hacerlo la imagen de su empresa sufrió de manera considerable. Al darle seguimiento a un prospecto de ventas al que le había respondido tal como hemos descrito, se enteró de que había decidido no tener tratos con su empresa porque consideró que la respuesta que le dio a sus preguntas fue "poco profesional".

Nuestra correspondencia nos representa ante el público. El membrete debe diseñarse para que represente la imagen que queremos dar. Los errores de ortografía y tipografía pueden interpretarse como indicadores de tratos descuidados o ineficientes. Los lectores inteligentes fácilmente detectan una elección deficiente de palabras o un mal uso de la gramática. Vuelve a leer tu correspondencia antes de enviarla y asegúrate de que todo lo que escribas esté libre de errores. No dependas de la corrección ortográfica de tu computadora, ya que no detectará las palabras que utilices de manera inadecuada (por ejemplo, si escribes "calor" en lugar de "valor").

Siempre revisa tus cartas antes de que las firmes y envíes. Cada carta, correo electrónico y texto que mandes, junto con cualquier publicación en redes sociales, es un registro permanente del contenido y estilo de lo que escribes.

Es difícil sobreponerse a una mala primera impresión. Si dejamos una impresión negativa o indeseable durante nuestro primer contacto es posible que se propague por todas las relaciones que tengamos con esas personas al paso de los años. Necesitas un poco de reflexión y esfuerzo para establecer las bases para una buena impresión, pero bien vale la pena hacerlo.

En el ambiente de alta tecnología de la actualidad es frecuente que nuestro primer contacto con alguien sea a través de un correo electrónico, de alguna red profesional o de un sitio web personal o de la empresa. En el capítulo 6 discutiremos más a fondo cómo sacarles provecho a estas tecnologías.

Declaración de Marca Personal

Cuando conocemos a alguien, una de las primeras cosas que nos preguntará es: "¿A qué te dedicas?" Ésta es una oportunidad para utilizar nuestra «Declaración de Marca Personal».

Nuestra Declaración de Marca Personal especifica nuestras habilidades y fortalezas individuales, las combina con nuestros intereses e identifica nuestra promesa única de valor para nuestros escuchas, sea que se trate de clientes, empleados, colegas, empleadores potenciales u otros contactos importantes. Para preparar la Declaración de Marca Personal nos preguntamos lo siguiente:

- ¿Qué cualidades o características tenemos que nos distinguen de otros en nuestro mismo campo?
- ¿Cuál dirían nuestros colegas o clientes que es nuestra fortaleza más importante?
- ¿Qué hacemos que añade o atrae un valor notable, medible y distintivo a diferentes personas u organizaciones?

Independientemente de la edad, independientemente del puesto e independientemente del negocio en el que estamos, cada uno de nosotros necesita comprender la importancia de la creación de marca. Somos los presidentes ejecutivos de nuestra propia empresa: Yo, S.A. En la actualidad, para poder dedicarnos a los negocios, nuestro trabajo más importante es ser los promotores de la marca llamada Tú.

TOM PETERS

Construcción de relaciones

El propósito de la charla inconsecuente es romper el hielo y crear *rapport*.* Sin *rapport* no tendremos una base sobre la cual construir la relación. Establece la meta de pasar 80% de tu tiempo escuchando y 20% hablando. Como escribió Dale Carnegie: "Muestre un interés genuino en los demás. Sea un buen oyente y anime a los demás a que hablen de sí mismos".

A continuación verás diversos consejos para entablar una conversación exitosa con algún nuevo asociado de negocios.

Estrecha la mano

Cuando te presenten con alguien es apropiado que estreches su mano. Un apretón firme, pero no tan fuerte que triture huesos, da una excelente impresión. Sonríe y mira a la otra persona de frente. Repite su nombre y muestra un interés sincero en lo que te esté diciendo.

---

* *Rapport* es un término francés que se utiliza ampliamente en psicología y se refiere al establecimiento de una conexión y sintonía empática con nuestro interlocutor. [N. del T.]

Haz observaciones positivas

Plantea preguntas acerca del evento o de tus alrededores. "¿No te pareció maravilloso el conferencista?", "¿Cómo te parece que estuvo la junta de hoy?"

Encuentra un común denominador

Pregunta: "¿Qué te trae aquí?" A menudo la persona estará asistiendo a ese evento por la misma razón que nosotros.

Pregunta acerca de su negocio

Si no sabemos a qué negocio se dedica la otra persona, podemos preguntárselo. Muestra un interés genuino y haz preguntas abiertas acerca de alguno de los aspectos del negocio que te sean de particular interés.

Preséntate

Después de algo de charla inconsecuente puedes hacer una transición fluida a hablarle a la otra persona acerca de quién eres. Aquí es donde podemos utilizar nuestra Declaración de Marca Personal y el "comercial propio" del que hablaremos en detalle en el capítulo 7.

Intercambia tarjetas

Al final de la conversación intercambia tarjetas de presentación y, en caso de que sea apropiado, invita a la otra persona a que se conecten en alguna red profesional en línea.

Nota que la tarjeta de presentación puede ser parte de tu marca personal. Incluso si utilizamos un formato tradicional para la tarjeta de presentación, podemos añadirle un toque personal que sea memorable. Sin embargo, a menos que estés en el campo de la publicidad o alguna otra área relacionada, evita el uso de tarjetas de presentación rebuscadas o "a la moda".

Cuando entregues una tarjeta de presentación

- Debes estar preparado. Ten un número de tarjetas de presentación limpias a la mano.
- Ofrece la tarjeta de una manera que demuestre que tiene cierto valor.
- Añade algún detalle personal, como un número privado, tu apodo, etcétera.
- Ofrécela de tal forma que lo que está escrito en ella esté hacia arriba y frente a la vista de la persona.

Cuando recibas una tarjeta de presentación

- Detente a leer la tarjeta.
- Advierte el puesto que tiene la persona y haz algún comentario relacionado con el mismo.
- Comenta acerca del diseño si es único o creativo de algún modo.
- Plantea alguna pregunta que muestre tu interés.
- Verifica que la tarjeta incluya un número celular; de lo contrario, obtenlo.
- Verifica que la tarjeta incluya un correo electrónico; de lo contrario, obtenlo.
- En el reverso, escribe la fecha, el lugar y una breve anotación relacionada con la persona que acabas de conocer.
- Ingresa la información en tu sistema de gestión de contactos.
- Realiza un seguimiento y envía la información pertinente para conectarte con la persona en tu red profesional.

Concluye de manera positiva

Para finalizar la conversación de manera gentil, sólo di: "Fue un placer conocerte, (di su nombre); espero que nos veamos en el futuro", o bien: "Fue excelente conocerte, (nombre); mañana mismo me comunico contigo para enviarte el vínculo a mi red profesional en línea".

Mantén buenas relaciones

Lograr una buena primera impresión es sólo el primer paso en la creación de la actitud profesional que determinará la forma en que otros nos perciben. Debemos estar constantemente alertas a la manera en que nos vemos, actuamos y nos interconectamos con quienes tengamos contacto. Además, debemos ser capaces de observar y comprender lo que otros están proyectando en sus relaciones con nosotros.

A continuación encontrarás algunas pautas que nos ayudarán a crear y a mantener una imagen profesional.

Siete comportamientos constructivos que nos impulsan

1. Sé digno de confianza y resérvate las confidencias que se te hagan. Debes entender cuándo es apropiado, o no, compartir conversaciones y estrategias administrativas importantes.
2. Desarrolla una política de "puertas abiertas". Dales tu absoluta atención a los demás cuando te estén hablando y aliéntalos a que te expresen sus preocupaciones e intereses, así como los obstáculos que estén limitando su éxito. Aliéntalos y elógialos con frecuencia.
3. Siempre exhibe buenos modales, habilidades para escuchar, un lenguaje apropiado y muestra congruencia entre tus palabras y tus acciones.

4. Construye relaciones internas y externas positivas con tus clientes y proveedores.
5. Sé confiado, vivaz y dinámico. Anticipa los desafíos y las opciones para superarlos. Hoy en día es frecuente que escuchemos que hay personas de "alto mantenimiento" o de "bajo mantenimiento". Queremos que nos consideren como pertenecientes a la segunda categoría; que somos personas que nos hacemos cargo de las cosas de manera apropiada y que no creamos problemas a menos que haya causas excepcionales para ello.
6. Dirige juntas eficientes y enfocadas, y ofrece anotaciones detalladas a todos los involucrados.
7. Sé confiable, consistente y responsable.

Siete conductas destructivas que nos limitan

1. Revelar las confidencias y reportes directos de colegas y pares.
2. Estar siempre pendientes de la hora, tomar descansos frecuentes e inapropiados, dejar inconclusas las tareas urgentes y no responder a los mensajes.
3. No ofrecerles nuestro punto de vista a nuestros superiores antes de que se tome alguna decisión.
4. Empecinarnos en nuestro punto de vista incluso cuando ya se haya tomado alguna decisión.
5. Ropa y lenguaje inapropiados e insensibilidad en temas relacionados con la diversidad.
6. No participar en discusiones con nuestros superiores y subalternos.
7. Incapacidad para reponernos de inmediato y recuperar la compostura después de un momento frustrante o difícil.

Cómo interpretar las claves no verbales de los demás

Todos comunicamos información con algo más que las palabras que utilizamos. A menudo lo que decimos se ve modificado por la forma en que utilizamos nuestro cuerpo. Nuestras expresiones faciales y gestos, así como la forma en que nos sentamos o paramos, en conjunto, comunican significados distintos. ¿No sería fabuloso si pudiéramos comprar un diccionario de lenguaje corporal en el que pudiéramos buscar el significado de cada gesto o expresión? Así, podríamos interpretar lo que realmente están diciendo todas las personas que se encuentran a nuestro alrededor.

Algunos autores han hecho el intento de escribir este tipo de "diccionario" mediante el listado de una variedad de "señales" con la descripción de su significado. Por ejemplo, la otra persona se acaricia la barbilla. ¿Qué podría querer decir? "¡Ajá! ¡Ya lo tengo! Está ponderando la situación". Es más que posible que esté reflexionando acerca de algo, pero también podría querer decir que no se afeitó esta mañana y que tiene comezón en la barbilla.

La persona sentada frente a nosotros tiene los brazos cruzados. Algunos "expertos" interpretarían esto como indicación de que la persona se está limitando, que nos está bloqueando o que nos está rechazando. ¡Tonterías! Observa una habitación llena de personas dentro de una clase, conferencia o presentación teatral. Nota que muchas de esas personas están sentadas con los brazos cruzados. ¿Eso significa que están rechazando al instructor o a los actores? Por supuesto que no. Es una manera cómoda de sentarse y, si hace frío, nos mantiene algo más templados. Por otro lado, si a mitad de alguna conversación la otra persona se cruza de brazos de manera repentina, podría querer decir que, en ese momento, está en desacuerdo con nosotros.

El lenguaje corporal no es universal

El lenguaje corporal no es universal. Está sujeto a la interpretación, pero de todos modos podemos obtener pistas valiosas a partir del mismo. Cada uno de nosotros tiene su propia manera de expresar ideas y sentimientos. ¿Por qué? Porque en gran medida el lenguaje corporal es un rasgo adquirido. Tendemos a imitar a otras personas y, por lo general, nuestro lenguaje corporal es algo que adquirimos de nuestros padres. Es frecuente que esté ligado con nuestros antecedentes étnicos. Por ejemplo, dos muchachos nacen en Detroit, Michigan, pero de padres que emigraron a los Estados Unidos procedentes de dos países distintos. Una de las familias proviene de un país donde la forma habitual de expresarse era a través de la gesticulación; no es posible hablar sin utilizar las manos. La otra familia viene de un país en el que nadie gesticula excepto en situaciones de gran emotividad. Los dos muchachos se conocieron cuando estaban cursando la preparatoria. El primero estaba discutiendo una situación en su forma habitual, sus manos agitándose por todas partes. El segundo chico pensó: "Qué barbaridad, está de lo más exaltado respecto a esto". Después, respondió en su habitual forma serena, por lo que el primer chico pensó: "Esto de veras no le interesa para nada".

La siguiente anécdota ilustra otra forma en la que las diferencias culturales afectan la manera en que utilizamos la comunicación no verbal. Después del robo del dinero de la cafetería de una preparatoria en la ciudad de Nueva York, el director entrevistó a todos los chicos que tuvieron acceso a la caja registradora. Después de las entrevistas, decidió que la ladrona era una muchacha latinoamericana, por lo que la suspendió. Una trabajadora social visitó al director en relación con el caso y le preguntó por qué pensaba que ella había sido la culpable. Él le respondió: "Todos los demás muchachos me miraron directamente a los ojos y me dijeron que no lo habían hecho. Esta niña no se atrevió a verme a los ojos; mantuvo la mirada clavada en sus zapatos durante toda la entrevista. Es obvio que ella es la culpable". La trabajadora social le informó que a una chica latinoamericana bien educada se le enseña que jamás debe ver de frente a una persona en un puesto elevado, como sería el del director, sino que debería mirar al piso con recato al hablar con él. El comportamiento de la chica era el producto de su crianza cultural y el director lo había malinterpretado.

Así también, los patrones del lenguaje corporal pueden verse determinados por los hábitos de cada familia. Cuando cualquier persona platica con alguien que pertenece a la familia de Nicole, verá que a menudo asienten durante la conversación. La mayoría de nosotros interpretaría que esto significa que están asintiendo para expresar su acuerdo con nosotros, pero como lo señaló la misma Nicole cuando se le preguntó al respecto, lo único que significa es que están prestando atención a lo que se les está diciendo.

Estudia el uso que cada persona hace de las claves no verbales

Si el lenguaje corporal es un aspecto tan importante de la comunicación, ¿hay alguna manera en que podamos aprender a interpretarlo? Ninguna técnica de interpretación del lenguaje corporal es del todo precisa, pero podemos aprender a obtener una interpretación razonablemente correcta de las acciones y reacciones no verbales de cada persona si llegamos a conocerla. Cuando tratamos con las mismas personas de manera repetida, podemos aprender a interpretar su lenguaje corporal por medio de una cuidadosa observación. Notamos que cuando Claudia está de acuerdo con nosotros tiende a inclinarse hacia adelante, y que cuando Paul concuerda inclina la cabeza hacia la derecha. Observamos que Nicole asiente con la cabeza sin importar lo que digamos pero que, cuando no está segura de algo, adopta una expresión de confusión, aun a pesar de que siga asintiendo.

Si tomamos cuidadosas notas mentales acerca de cada una de las personas con las que nos comunicamos, podremos comprender sus claves no verbales e interpretarlas de manera adecuada. Después de un tiempo es posible que observemos que algunos gestos o expresiones son más comunes entre las personas con las que nos comunicamos que entre otras. A partir de esto podemos hacer algunas generalizaciones cuando tratemos con personas nuevas, pero debemos cuidarnos de no darles demasiado peso a las interpretaciones generalizadas; es mejor tener una buena cantidad de experiencia con alguien antes de hacer suposiciones en cuanto a lo que está comunicando su lenguaje corporal.

Cuando el lenguaje corporal parezca contradecir o alterar el significado de lo que se está diciendo en voz alta, o si no estamos seguros de lo que significa alguna de las señales que se nos estén enviando, debemos hacer preguntas al respecto. Consigue que la persona te comunique verbalmente lo que está diciendo en realidad. Por medio de un cuestionamiento adecuado podremos superar cualquier duda que puedan crear las acciones no verbales para así lidiar con esta interrogante.

Mantente consciente de tu propio lenguaje corporal

Por último, necesitamos enfatizar que debes mantenerte al tanto de tu propio lenguaje corporal. La moderación es la regla. Si el lenguaje corporal positivo se utiliza en exceso, el resultado puede ser negativo, lo que provocará que el individuo con quien estemos hablando considere que estamos siendo poco sinceros.

Habilidades para escuchar

Para que cualquier interacción entre personas sea productiva es indispensable que ambas partes escuchen. Debemos prestarle toda nuestra atención a la otra persona, pero también debemos asegurarnos de que ésta realmente nos esté escuchando a nosotros. A continuación presentaremos algunos de los problemas más frecuentes al escuchar. Primero, pregúntate si entras en una o más de las siguientes categorías y, si es el caso, haz uso de los consejos recomendados para corregirte. En segundo lugar, trata de determinar si la otra persona entra en cualquiera de las categorías y sigue los consejos que quizá puedan ayudarte a superarla para que tu interlocutor de veras escuche lo que estás diciendo.

> *Sé un buen oyente. Tus oídos jamás*
> *te meterán en problemas.*
> FRANK TYGER,
> comentarista editorial

Siete tipos de oyentes

Existen diversos estilos de escuchar. Aquí presentaremos una de las formas en que se clasifica a distintos oyentes. A medida que vayas leyendo la lista, determina si tú o la persona con la que estás hablando caen dentro de cada categoría.

1. *Los "preocupados"*. Estas personas dan la impresión de estar apuradas y de manera constante están viendo a su alrededor o haciendo alguna otra cosa. No pueden sentarse quietos para escuchar. *Consejo*: si eres un oyente preocupado debes obligarte a dejar a un lado lo que sea que estés haciendo cuando alguien empiece a hablarte. *Consejo*: si estás lidiando con un oyente preocupado puedes decir: "¿Te puedo interrumpir un momento?", o decir: "Necesito toda tu atención un instante". Empieza con alguna afirmación que atraiga la atención de la persona, sé breve y ve al grano con velocidad, porque su capacidad de atención es limitada.

2. *Los "idos"*. Los "idos" están presentes en sentido físico, pero no lo están a nivel mental. Lo sabemos por la

mirada vacante de sus rostros. O están soñando despiertos, o están pensando acerca de absolutamente cualquier cosa que no se trata de lo que les estamos diciendo. *Consejo*: si eres uno de los "idos" mantente atento para no dejar de escuchar. Permanece alerta, mantén el contacto visual, inclínate hacia delante y muestra tu interés por medio de preguntas. *Consejo*: si estás lidiando con algún "ido" verifica de vez en vez si está comprendiendo lo que le estás diciendo. Al igual que con los "preocupados", empieza con alguna declaración que atraiga su atención y sé conciso y puntual porque no te prestarán atención durante mucho tiempo.

3. *Los "interruptores"*. Los "interruptores" están listos para intervenir en cualquier momento. Están preparados y atentos a que pausemos para terminar la oración que estamos tratando de expresar. No nos están escuchando, sino que más bien están centrados en lo que ellos quieren decir. *Consejo:* si eres un "interruptor" quizá valga la pena que te esfuerces en disculparte cada vez que interrumpas a alguien. Eso te hará más consciente de lo que estás haciendo. *Consejo:* si estás hablando con algún "interruptor" detente en el instante mismo en que empiece a hablar y deja que termine; de lo contrario jamás te escuchará. Cuando acabe de hablar puedes decir algo como: "Como te estaba diciendo..." para hacerle ver que te interrumpió y regresa a lo que estabas diciendo.

4. *Los "indiferentes"*. Los "indiferentes" se mantienen desapegados y exhiben poca emocionalidad cuando nos escuchan. Dan la impresión de que poco les interesa lo que estamos diciendo. *Consejo*: si eres un "indiferente" concéntrate en la totalidad del mensaje, no sólo en la porción verbal. Empéñate en escuchar con tus ojos, tus oídos y tu corazón. *Consejo*: si estás lidiando con un "indiferente" exagera tus ideas y hazle preguntas para que se involucre en la conversación.

5. *Los "combativos"*. Los "combativos" vienen armados y están listos para la guerra. Les gusta discrepar y responsabilizar a los demás. *Consejo*: si somos oyentes "combativos" debemos tratar de ponernos en los zapatos de nuestro interlocutor para comprender, aceptar y encontrar méritos en su punto de vista. *Consejo*: para lidiar con oyentes "combativos" en el momento en que discrepen o responsabilicen a alguien más, trata de ver hacia adelante en lugar de mirar hacia atrás. Habla de formas en que puedan coincidir a pesar de sus discrepancias, o de lo que puede hacerse de manera diferente en la siguiente oportunidad.

6. *Los "analistas"*. Los "analistas" siempre se colocan en el papel de orientadores o terapeutas y están más que listos a ofrecernos respuestas incluso cuando no les pedimos consejo alguno. Creen que son oyentes fantásticos y les fascina ayudar. Siempre están en un plan analítico y en modalidad de "arreglarlo todo". *Consejo*: si somos "analistas" debemos aprender a relajarnos y comprender que no todo el mundo está en busca de respuestas, soluciones o consejos. A algunas personas sólo les gusta hablar de sus ideas con otras para ayudarse a encontrar respuestas por sí mismas con mayor claridad. *Consejo*: si estás lidiando con algún "analista" podrías empezar la conversación diciendo: "Sólo necesito desahogarme. No es que necesite consejo".

7. *Los "involucrados"*. Los "involucrados" son oyentes plenamente conscientes. Escuchan con sus ojos, oídos y corazones, y tratan de colocarse en los zapatos de su interlocutor. Esto es escuchar al más alto nivel. Sus habilidades para escuchar nos alientan a seguir hablando y nos dan la oportunidad de descubrir nuestras propias soluciones y de dejar que nuestras ideas se desarrollen.

Debemos esforzarnos por ser oyentes involucrados.

Principios para escuchar

Para potenciar tus habilidades para escuchar:

1. Mantén el contacto visual con la persona que está hablando.
2. Mantente sensible a lo que no está diciendo.
3. Observa el lenguaje corporal para estar atento a los mensajes incongruentes.
4. Muéstrate paciente: habla sólo después de que la otra persona haya terminado.
5. No interrumpas, termines las oraciones de tu interlocutor, ni cambies de tema.
6. Escucha para aprender; imagina que habrá una prueba que tendrás que contestar al final de la conversación.
7. Aclara cualquier duda después de que la persona que esté hablando haya terminado de expresar sus ideas.
8. Asegúrate de que comprendiste lo que se te dijo por medio de repetir lo que escuchaste, pero en tus propias palabras.
9. No saques conclusiones apresuradas, ni hagas suposiciones.
10. Practica la escucha pura: elimina toda distracción.
11. Cuando hables, trata de ver las cosas desde el punto de vista de tu interlocutor.

> *Tenemos dos oídos y una boca para que escuchemos el doble de lo que hablamos.*
> Epicteto

Cómo dar y recibir retroalimentación constructiva

Un tipo de comunicación que resulta desafiante para la mayoría de nosotros es dar y recibir críticas. Debido a que la crítica, por sí misma, no es de particular utilidad, nos centraremos en la retroalimentación constructiva, que es información práctica diseñada para ayudar a alguien a ofrecer un mejor servicio o a mejorar su desempeño. La retroalimentación constructiva es un proceso bidireccional. Estamos dando instrucciones, opiniones, ideas u orientación a la otra persona, y esa persona está dándonos información que refleja su propio punto de vista. ¿Cómo podemos asegurarnos de que estamos comprendiendo lo que el otro está expresando y viceversa? A continuación te daremos algunos consejos para que puedas dar una retroalimentación constructiva de manera eficaz y para que la recibas de forma decorosa.

Cómo dar retroalimentación constructiva

1. Ten todos los hechos a la mano.
2. Trata la situación de inmediato y de forma privada.
3. Céntrate en el acto o en el comportamiento, jamás en la persona.
4. Ofrécele un elogio sincero antes de discutir algún área en que pueda mejorar.
5. Primero empatiza y luego critica. Revela errores propios semejantes y cuéntale a la otra persona lo que hiciste para corregirlos.
6. Analiza tus intenciones en cuanto a las razones por las que estás ofreciendo la retroalimentación. Asegúrate de dejar en claro que de veras quieres ayudar a la persona con quien estás hablando.
7. Usa tus habilidades de relaciones humanas; no ordenes. Más bien, haz sugerencias.
8. Muestra los beneficios que tiene el cambiar de comportamiento.
9. Finaliza en tono amistoso y procura que haya un acuerdo en cuanto a cómo proseguir de ahora en adelante.

Cómo aceptar la retroalimentación constructiva

1. Mantén la calma y escucha todo lo que tenga que decirte la persona.
2. Confirma que comprendes la situación.
3. Mantente abierto a la superación personal y al cambio.
4. Confía en que son buenas las intenciones de la persona que te está dando la retroalimentación.
5. No reacciones de manera defensiva.
6. No ofrezcas excusas; sólo proporciona hechos.
7. Dale las gracias a la persona por su retroalimentación.
8. Llega a un acuerdo en cuanto a cómo progresar de ahora en adelante.

Síntesis y esencia

1. Enviamos señales en nuestras interacciones con los demás y la forma en que se reciben tales señales determina cómo es que se nos percibe y cómo es que la gente nos recuerda.
2. Un ingrediente esencial para generar y mantener señales interpersonales poderosas es la confianza en nosotros mismos.
3. Las primeras impresiones son las más duraderas. Dado que los seres humanos somos entes muy visuales, más de la mitad de la impresión que dejamos atrás se basa en lo que las personas pueden ver.
4. Nuestra Declaración de Marca Personal toma nuestras habilidades y fortalezas, las combina con nuestros intereses e identifica nuestra promesa única de valor para nuestros clientes, empleados, colegas y otros contactos importantes.
5. Nuestras tarjetas de presentación pueden reflejar nuestra individualidad, además de los servicios que ofrecemos. Añádeles un toque personal para volverte memorable.
6. Generar una buena primera impresión no es más que el primer paso en la creación de la actitud profesional propia que determinará la forma en que nos perciban los demás. Debemos estar siempre atentos a la manera en que nos vemos, comportamos e interrelacionamos con cualquiera con quien tengamos contacto.
7. Creamos primeras impresiones por medio de la forma en que manejamos las llamadas telefónicas y gestionamos nuestra correspondencia profesional.
8. Las personas exitosas aprenden a utilizar su lenguaje corporal de la manera más eficaz y a interpretar el lenguaje corporal de los demás.

9. Cerciórate de escuchar a los demás con atención, independientemente de su rango, posición o nivel de importancia para ti.

CAPÍTULO 2

CÓMO DESARROLLAR NUESTRA MARCA PERSONAL

Para impulsar nuestra carrera es esencial que nos apeguemos a un conjunto de estándares. Éstos nos guiarán en la manera en que vivamos nuestra vida y en cómo nos comportemos y reaccionemos en nuestro trabajo: nuestra marca personal. Nuestra imagen debe basarse en nuestra marca personal. Las señales que les enviemos a nuestros jefes, subordinados, colegas, clientes y todos con quienes interactuemos en el trabajo deben demostrar que estamos alineados con nuestra marca personal.

Declaraciones de misión y visión

La mayoría de las grandes empresas cuenta con declaraciones tanto de su misión como de su visión. Y de la misma manera en que una empresa desarrolla una marca reconocible, nuestras propias declaraciones de misión y visión nos pueden ayudar a crear nuestra propia marca personal.

*La manera más eficaz que conozco para empezar con un
objetivo en mente es desarrollar una declaración de misión
o filosofía o credo personal. Se centra en lo que quieres ser
(carácter) y hacer (contribuciones y logros), y en los valores
o principios sobre los que se basan el ser y el hacer.*
STEPHEN COVEY

Declaraciones de visión

La clásica declaración de visión encarna la imagen ideal de la
organización o del equipo. Expresa su meta final y su razón
de existir. Por desgracia, son pocos los individuos que se toman
el tiempo para crear una declaración de visión para sí mismos.
Cuando elabores tu declaración de visión personal piensa
acerca de lo que más esperarías lograr a partir de tus esfuerzos.
Es una declaración de imagen general. Podemos darnos algunas ideas para crear nuestras declaraciones de visión si anali-
zamos las de otras empresas importantes.

Hoteles Westin: "Año tras año Westin y su personal serán
considerados como el mejor y más buscado grupo de administración de hoteles y complejos turísticos en Norte-
américa".
Alcoa: "Nuestra visión es ser la mejor empresa del mundo; desde el punto de vista de nuestros clientes, accionis-
tas, comunidades y empleados. Esperamos y demanda-
mos lo mejor que tenemos que ofrecer siempre teniendo
como interés primordial los valores de Alcoa".
General Motors: "Nuestra visión es ser el líder mundial en
productos de transporte y servicios relacionados, logrando
entusiasmar a los clientes a través de la mejora continua de
nuestros productos, basados en la integridad de nuestras
acciones, el trabajo en equipo de nuestros integrantes y la
innovación aplicada a todos los procesos".

IKEA: "Nuestra visión es crear un mejor día a día para la mayoría de las personas. Esto lo hacemos posible al ofrecer una amplia variedad de productos de decoración del hogar funcionales, de buen diseño y a precios asequibles para la mayoría de las personas".

Cómo crear nuestra declaración de visión personal

Muchos soñamos con lo que nos gustaría hacer con nuestra vida. Pocos convertimos ese sueño en una declaración de visión personal. Esto no significa que deberíamos convertir cada una de nuestras fantasías en una visión. A menos de que contemos con talentos muy específicos, es poco probable que el sueño de hacer el *touchdown* ganador del Súper Tazón o de estelarizar alguna película de éxito debiera estar en nuestra visión. Debemos fundamentar nuestra visión en bases realistas que se encuentren dentro de nuestras capacidades. La declaración de visión puede tener una orientación laboral o dirigirse a algún otro propósito. Una declaración de visión personal describe la forma en que nos vemos a futuro; describe nuestras esperanzas y sueños, y evoca un sentido de logro y realización.

Algunos ejemplos:

Un graduado de la maestría en Administración de Empresas de la Universidad de Columbia: "Ahora que entro al mundo de los negocios me comprometo a dedicar todo mi tiempo y energía a aprender lo más posible acerca de mi trabajo y a volverme merecedor de avanzar en mi trayectoria profesional".

Un exitoso emprendedor de 50 años de edad: "Durante los últimos 25 años me he dedicado a convertirme en un exitoso y lucrativo ejecutivo de negocios. Mi visión para la siguiente etapa de mi vida es capacitar a otros para que me reemplacen, para que pueda dedicar mi tiempo a las labores filantrópicas".

Un artista comercial: "Para mantenerme al corriente con los cambios tecnológicos en mi campo, me veo aprendiendo y coinvirtiéndome en un experto en las aplicaciones digitales que potencien mis capacidades artísticas".

Declaraciones de misión

La declaración de misión considera la implementación de la visión. Describe de manera concisa lo que debe suceder para que la organización, equipo o individuo alcance su visión. Esto fluye directamente a partir de la declaración de visión y detalla la manera en que la alcanzaremos. Debe ser específica y, por ende, única a la organización, equipo o persona. La declaración de misión debe ser fácil de comprender, realista y medible.

Éstos son algunos ejemplos de las declaraciones de misión de distintas empresas:

Hoteles Westin: "Con el fin de materializar nuestra visión, nuestra misión debe ser exceder las expectativas de nuestros clientes, a quienes definimos como nuestros invitados, socios y compañeros de trabajo".

FedEx: "FedEx está comprometido con nuestra filosofía de 'Personas-Servicio-Ganancias'. Produciremos utilidades financieras notables al proporcionar, por aire y tierra, el transporte global completamente confiable y competitivamente superior de los bienes y documentos de alta prioridad que requieren de una entrega rápida, en fecha y hora determinadas".

Aflac: "Combinar la mercadotecnia estratégica agresiva con productos y servicios de calidad, a precios competitivos, para proporcionar el mejor valor de cobertura de seguros para nuestros clientes".

Harley-Davidson: "Cumplimos sueños a través de la experiencia del motociclismo, al ofrecerles a los motociclistas y al público en general una línea cada vez mayor de motocicletas y productos y servicios de marca en segmentos selectos del mercado".

Microsoft: "En Microsoft trabajamos para ayudar a personas y negocios de todo el mundo a realizar el máximo de su potencial. Ésta es nuestra misión. Todo lo que hacemos refleja esta misión y los valores que la hacen posible".

> *Toda persona tiene su propia misión o vocación específica en la vida [...] en ella no puede ser reemplazada, ni su vida repetirse. De modo que la tarea de cada una es tan única como su oportunidad específica para llevarla a cabo.*
> VICTOR FRANKL, filósofo y autor

Cómo crear nuestra declaración de misión personal

Al momento de escribir tu declaración de misión personal sé específico en cuanto a lo que deseas lograr. Cuando elabores tu declaración de misión considera utilizar palabras que denoten acciones, tales como:

Alentar	Colaborar	Desarrollar
Producir	Involucrar	Apoyar
Cambiar	Enfatizar	Expandir

Algunos ejemplos de declaraciones de misión personales:

Dr. Arthur R. Pell, consultor de recursos humanos y autor: "Mi meta es permitir que las personas desarrollen una vida productiva y gratificante por medio del aprendizaje de los abordajes más efectivos del autodesarrollo y de las relaciones interpersonales a través de mi orientación personal, enseñanzas y escritos".

Lisa Silverman, nutricionista: "Me comprometo a alentar al mayor número posible de personas a cambiar sus hábitos alimentarios por un programa nutricional equilibrado a través de mis boletines informativos, mis programas de radio y mi orientación personal".

Larry McDonald, ejecutivo de mercadotecnia: "Mi misión es avanzar en mi trayectoria profesional mediante el uso de mis habilidades creativas para promover los productos o servicios de mis empleadores con el fin de ampliar sus mercados, aumentar sus ganancias y dar servicio a sus clientes de la manera más eficaz".

Escribe tu declaración

Antes de leer lo que resta del presente capítulo tómate el tiempo para crear las declaraciones de visión y misión que mejor reflejen tu imagen personal.

Después de que las escribas:

1. Léelas en voz alta. ¿Son declaraciones verdaderas de la forma en que te ves a ti mismo?
2. Envíalas por correo electrónico a varios amigos o colegas que conozcan tu trabajo para que las revisen y comenten.
3. Valora sus reacciones y lleva a cabo los ajustes pertinentes.

Vive una vida ética

Un factor esencial en nuestra marca personal es nuestro código ético personal. Define nuestros estándares de lo que es correcto e incorrecto, nos ayuda a resistir la tentación y se vuelve el fundamento para la toma de decisiones éticamente sólidas.

Nuestros valores determinan lo que es bueno y lo que es malo. Nuestra ética determina que *hagamos* lo que es bueno y que *evitemos* lo que es malo. La ética implica un conjunto de estándares que nos indica cómo debemos comportarnos. Nadie que tenga un carácter sólido vive sin un código ético.

Pero la ética es algo más que hacer lo que *tenemos* que hacer. Se refiere a hacer lo que *deberíamos* hacer. Debido a que hay ocasiones en que actuar de manera honorable significa no hacer lo que queremos, la ética requiere de un autocontrol. La ética implica ver la diferencia entre lo correcto y lo incorrecto, y comprometerse con hacer lo que es correcto, bueno y honorable. Nos debemos de preguntar si estamos dispuestos a pagar el precio de tomar una decisión que no sea ética. ¿Estamos dispuestos a sacrificar nuestro orgullo, integridad, reputación y honor con tal de tomar una decisión poco ética?

> *De la comprensión correcta procede el pensamiento correcto; del pensamiento correcto procede el hablar correcto; del hablar correcto procede el actuar correcto; del actuar correcto procede el medio de vida correcto; del medio de vida correcto procede el esfuerzo correcto; del esfuerzo correcto procede la consciencia correcta; de la consciencia correcta procede la concentración correcta; de la concentración correcta procede la sabiduría correcta; de la sabiduría correcta procede la liberación correcta.*
>
> Sendero a la liberación de BUDA

El código ético personal

Todo el mundo debería tener un código ético personal; reglas que gobiernen nuestra conducta profesional y personal, y que garanticen que nos desenvolvamos con honestidad e integridad. No hay pautas que gobiernen el código de ética personal; puede limitarse a una sola oración, constar de varios párrafos o ser una lista de elementos que sea corta, mediana o larga.

A continuación algunas pautas para generar un código ético personal:

1. Establece límites razonables de conducta moral. Aquí la palabra clave es *razonables*. A nadie le agradan las reglas o pautas rígidas.
2. Ten un claro propósito para dichos límites. Explica y refuerza el "por qué" tras el "qué". "Porque yo lo digo" no funcionaba cuando éramos niños y tampoco funcionará ahora.
3. Comunica los límites en términos positivos y mantén el enfoque en "qué hacer" más que en qué "no hacer". Por ejemplo, "resérvate las confidencias" en lugar de "no seas chismoso".
4. Dales a los demás la oportunidad de colaborar en el proceso de establecer límites apropiados dentro del sitio de trabajo. A menudo los empleados establecerán límites más estrictos que los gerentes.
5. Haz valer los límites. Ten el valor de respaldarlos. Los límites deben hacerse cumplir de manera consistente y justa.

Toma de decisiones éticas

Día con día hacemos elecciones. La mayoría de nuestras decisiones cotidianas no necesariamente implican lo correcto y lo incorrecto; más bien tienen que ver con prioridades, eficiencia, planeación y administración de recursos. No obstante, también debemos tomar el tipo de decisión que implica lo que está bien y mal dentro de nuestros límites éticos. A menudo estas situaciones implican presiones de tiempo y son emocionales y complicadas. Se vuelve demasiado fácil dejarse llevar por la tentación y es frecuente que nos veamos obligados a tomar decisiones éticas de forma reactiva.

Estar en medio de una situación éticamente sensible es el peor momento para tratar de determinar cuáles son nuestros estándares éticos. Debemos revisar la información, anticiparnos a las consecuencias, considerar a los demás, tomar el control de nuestras emociones y, después, actuar. Las decisiones éticas podrán darse con velocidad, pero las consecuencias pueden perdurar toda una vida. Ésa es la razón por la que resulta tan importante una cuidadosa consideración. Un código de ética puede ser de utilidad. Determina la dirección de nuestra vida.

Debemos sopesar el impacto que tenga la acción sobre todos los interesados; todas las personas que se vean afectadas por dicha decisión. Antes de que hagamos nada debemos determinar quién es probable que se vea beneficiado o lastimado por la acción que estamos considerando. Si alguien ha de salir dañado ¿cómo podemos evitar o reducir dichos daños? Algunas buenas preguntas que hacernos son: "¿Qué sucedería si los papeles cambiaran? ¿Cómo me sentiría si yo estuviera en el lugar de uno de estos interesados?"

Nuestro código ético establece las reglas básicas para nuestra vida. Pondera tus opciones y elecciones para determinar si satisfacen tu código ético. Resulta evidente que las acciones que generan confianza y respeto, y que exhiben responsabilidad, justicia y servicio comunitario, preceden y superan a aquellas que están motivadas por el dinero, el poder o el deseo de popularidad. De manera similar, las acciones que se lleven a cabo con el largo plazo en mente a menudo precederán a aquellas que tomen en cuenta resultados a plazo más inmediato. Pregúntate: "¿Cuáles son las posibles consecuencias de mis acciones, tanto a largo como a corto plazo?"

Cuando te veas enfrentado a decisiones difíciles, elimina las opciones que entren en conflicto con tus valores éticos. Después elige la alternativa restante más ética. Si aún estás incierto en cuanto a qué hacer en una situación en particular, elige la opción que produzca el mayor bien para la mayor cantidad posible de personas.

Si tienes valores y estándares claros,
tomar decisiones se vuelve fácil.
Roy E. Disney

Evaluación de asuntos éticos

Con mucha frecuencia nos encontraremos bajo presión para tomar decisiones o emprender acciones. Bajo estas circunstancias es posible que lo hagamos sin considerar de lleno los principios éticos que están en juego. Incluso si no tenemos reservas en relación con alguna decisión en particular, puede ser de gran utilidad tomarnos un momento para visualizar la acción dentro del marco de referencia de otras personas. De las siguientes preguntas, cualquiera de ellas o todas nos pueden ayudar a pensar con mayor claridad si alguna decisión se ciñe a nuestro código de ética.

- ¿Querríamos que nuestra mamá, papá, abuelos o familiares favoritos supieran lo que estamos haciendo o diciendo?
- ¿Querríamos que nuestro hijo supiera lo que estamos haciendo o diciendo?
- ¿Cómo se vería nuestra elección en la primera plana de algún periódico local? ¿Podemos justificar nuestro proceso de pensamiento y nuestra elección ética de manera clara y completa?
- Si, al final del día, una porción significativa de la población hiciera aquello que estamos considerando, ¿sería algo bueno?
- Por último, ¿la acción cumple con la Regla de Oro? ¿Estoy tratando a los demás como quiero que me traten? **LRO** (la regla de oro): Trata a los demás como quieres que te traten.

PEH (padre por encima de tu hombro): ¿Querríamos que nuestra mamá, papá, abuelos o familiares favoritos supieran lo que estamos haciendo o diciendo?

HEV (tu hijo te está viendo): ¿Querríamos que nuestro hijo supiera lo que estamos haciendo o diciendo?

NPP (noticia de primera plana): ¿Cómo se vería nuestra elección en la primera plana de algún periódico local? ¿Podemos justificar nuestro proceso de pensamiento y nuestra elección ética de manera clara y completa?

FDD (final del día): Si al final del día una porción significativa de la población hiciera aquello que estamos considerando, ¿sería algo bueno?

5P (quién, qué, cuándo, dónde, por qué): ¿Qué decisión ética estamos enfrentando o anticipamos enfrentar? ¿Qué es lo que haremos?

Vivir de acuerdo con nuestro código ético no sólo nos guiará en la creación de una marca personal fuerte, sino que les recordará a los demás de manera constante que actuamos y trabajamos con integridad y honor.

Comprométete con los logros

Parte de la imagen personal que proyectan las personas exitosas es su determinación para alcanzar sus objetivos. Lo más probable es que nos hayamos comprometido en el pasado con la meta de alcanzar un objetivo vital concreto, e incluso hayamos iniciado el camino, pero hemos perdido nuestra convicción y determinación y el objetivo se ha olvidado pronto.

El primer paso para alcanzar una meta es *comprometernos a lograrla.*

El compromiso es más que sólo hacer una promesa o juramento. Implica implantar en tu mente la certeza de que *sí* alcanzarás la meta, sin que importen los obstáculos con los que te puedas topar. El fracaso no es opción. Visualizas la meta de la misma manera en que visualizas cualquier destino físico e inicias la travesía con la certeza de que alcanzarás el destino deseado.

Las grandes cosas de la vida las han alcanzado aquellos
que siguieron intentándolo aun cuando no parecía
quedar esperanza.
DALE CARNEGIE

Establece una meta final clara y específica

Una de las claves para establecer metas es lograr que sean específicas. Por ejemplo, en lugar de comprometerte a correr a diario para mejorar tu salud, te comprometes a correr 10 kilómetros en una fecha específica de aquí a nueve meses. Incluso podrías registrarte a una carrera de esta distancia para que la meta sea todavía más concreta. Ahora cuentas con un final específico.

Cuando no es posible expresar la meta de modo así de específico, hazlo de la manera más concisa posible; por ejemplo: "Hacer una presentación a mi asociación profesional para fines de año" o "Crear una presentación de PowerPoint que incluya imágenes y sonido".

Establece metas intermedias

Se ha dicho que "el camino más largo inicia con el primer paso". Una vez que determines el fin, puedes establecer metas intermedias; algunas veces se les denomina *objetivos* o *hitos*, y nos permiten acercarnos a nuestra meta final de manera más gradual. En lugar de pensar que tenemos nueve meses para aumentar nuestra tolerancia para que corramos 10 kilómetros, podríamos establecer la meta intermedia de lograr correr cinco kilómetros de aquí a cuatro meses. Después, a partir de esas fechas, podemos trabajar de nuevo para establecer hitos todavía más asequibles; por ejemplo, en tres meses podremos correr cuatro kilómetros, en dos meses podremos correr tres kilómetros, y para finales de este mes podremos correr dos kilómetros.

Los objetivos o hitos son como *puntos de control*; etapas críticas a lo largo del camino con las que podemos medir nuestro progreso. En la escuela los puntos de control pueden ser exámenes trimestrales o parciales. En el trabajo quizá haya evaluaciones periódicas de nuestro desempeño. En los equipos de software los puntos de control pueden implicar desarrollar un *build* (una versión nueva y mejorada del programa) cada par de semanas. Cuando nos comprometemos a lograr una meta específica tener puntos de control establecidos nos permite evaluar nuestro progreso, lo que nos ayuda a rendirnos cuentas a nosotros mismos.

Las metas intermedias o puntos de control también nos ofrecen incentivos adicionales. Podemos celebrar nuestro progreso en múltiples ocasiones en lugar de tener que esperar hasta la fecha en la que al fin alcancemos nuestra meta concluyente. Si nos desviamos del camino, una pequeña corrección ahora nos puede regresar a la senda para que podamos evitar hacer correcciones más importantes en un punto posterior del proceso.

Haz un contrato

Hacer un contrato con nosotros mismos como manera de documentar el propio compromiso podrá parecer absurdo, pero plasmar un compromiso por escrito es una manera de que nos apeguemos a él cuando estemos solos (con nosotros mismos). Cuando Kelly regresó a la universidad después de tomarse un semestre de vacaciones se comprometió a obtener su título en la misma fecha en la que se hubiera graduado si no se hubiera tomado ese semestre. Sabía que eso requeriría tomar cursos adicionales durante el semestre regular, así como tomar diversos cursos en el verano. Debido a que tenía que trabajar medio tiempo para ayudar a pagar sus estudios, eso le dejaba muy poco tiempo libre para socializar y llevar a cabo actividades extracurriculares.

Para mantenerse firme en su compromiso, Kelly redactó un contrato en el que describía su meta final y establecía metas intermedias: un cierto número de créditos por periodo. Después se reunió con su orientador y determinó los cursos a los que se inscribiría en cada periodo. Firmó el contrato y lo archivó. Siempre que su carga de trabajo se volvía demandante o que tenía el impulso de inscribirse a un menor número de cursos, sacaba su contrato, lo leía y renovaba su compromiso.

Comparte tu compromiso con otra persona

Si no somos de lo más eficaces en cuanto a la rendición de cuentas, tener un socio responsable puede resultar de ayuda. Un socio responsable es alguien con quien compartimos nuestro compromiso. Muchas personas se alían con socios responsables para lograr sus metas de salud y entrenamiento físico; por ejemplo, cuando deciden dejar de fumar o de beber, o cuando se comprometen a perder cierta cantidad de peso o a implementar algún régimen de ejercicio. Por lo general, cada socio tiene una meta propia y ambos se comprometen entre sí a cumplir sus metas respectivas. Más adelante, los socios se comunican con regularidad y se piden cuentas entre sí, además de ofrecerse apoyo mutuo.

Seleccionar un socio responsable no es algo que deba tomarse a la ligera. Los socios deben tener respeto el uno por el otro, además de un poderoso deseo de no decepcionar a su asociado. Nuestro socio responsable debe estar igual de comprometido a cumplir su meta que nosotros. Si dicha meta es personal, podemos elegir a nuestro cónyuge o a nuestra pareja, a un miembro de la familia o a una amistad cercana. Si estamos intentando lograr una meta en el trabajo o en nuestra trayectoria profesional, podríamos elegir a un mentor, colega, compañero de trabajo, supervisor o a alguien que sea miembro de un grupo profesional al que también pertenecemos.

Recompénsate a ti mismo

Alcanzar una meta es una recompensa en sí, pero los incentivos adicionales siempre son de utilidad para mantenernos en el camino correcto. Por ejemplo, las personas que deciden dejar de fumar pueden recompensarse a diario colocando en una lata de café el dinero que de otra manera hubieran gastado en cigarrillos o vapeadores, con la meta de utilizar dicho dinero para pagarse unas vacaciones o para comprar un televisor nuevo o algún otro capricho.

Lo mismo vale para una meta profesional o laboral. Por ejemplo, si nuestra meta está conectada con un aumento salarial, bono u otro beneficio económico, podemos decidir utilizar una porción del dinero extra para darnos algún lujo. Algunas personas incluso construyen un *tablero de sueños*; una colección de imágenes cortadas de páginas de revistas que les ofrecen un recordatorio visual de aquello por lo que se están esforzando. Ésa es la razón por la que muchas personas decoran sus oficinas con las fotografías de los miembros de su familia, porque su propósito personal para trabajar es mantener a su familia.

> *Desde hace mucho tiempo me he dado cuenta de que las personas exitosas rara vez se quedaron sentadas a esperar que las cosas les sucedieran. Se pusieron en marcha y ellos les sucedieron a las cosas.*
> ELEANOR ROOSEVELT

Cómo generar confianza

Otro de los componentes que integran nuestra marca personal es la *confianza*. La confianza se define como la firme creencia o certeza de que podemos depender de una persona o cosa. Cuando confiamos en alguien más, en una organización o en nosotros mismos, dependemos del carácter, capacidad, fuerza o veracidad de esa persona o cosa. La escasez o el exceso de confianza pueden resultar peligrosos. Un sano nivel de confianza es aquel en el que podemos encontrar un equilibrio entre las razones y las corazonadas, o entre los hechos y los instintos, para tomar buenas decisiones y ejercer el buen juicio.

> *Confía en los hombres y te serán leales; trátalos con*
> *grandeza y se mostrarán grandes.*
> RALPH WALDO EMERSON

Para una organización, siempre resulta benéfico que su personal confíe tanto en la empresa como en la gerencia. En la actualidad, la lealtad hacia un empleador no es un rasgo que se valore mucho, y mientras más de nuestros empleados confíen en nuestra integridad, mejores serán nuestras probabilidades de retenerlos. De hecho, investigaciones muestran que existe una conexión poderosa entre la confianza de los empleados y la rentabilidad. La confianza mutua entre empleado y empleador es esencial para elevar el nivel del desempeño total dentro de la organización. No sólo es que debamos generar confianza en nosotros, sino que es indispensable que mantengamos un ambiente de confianza.

Se puede determinar la importancia del nivel de confianza a través de los síntomas. Por ejemplo, es posible que estemos exhibiendo cierta falta de confianza en nuestra organización si, dependiendo del día o del proyecto, hacemos lo mínimo necesario, carecemos de motivación o compromiso, evitamos desafíos y andamos por allí como "sonámbulos" a lo largo del día de trabajo. Si tenemos un problema continuo y más grave, es posible que revelemos nuestra insatisfacción mostrando una actitud negativa que afecte a los demás y que derive en una reducción del desempeño, en ausentismo y en una disminución de la moral. Los empleados que trabajan en un ambiente de elevada desconfianza tienden a centrarse en los problemas, resistirse al cambio y minar y sabotear los logros de los compañeros que sí se sienten más confiados.

Beneficios de un ambiente laboral confiable

Para muchos, la manera en que nos desempeñamos en el primer puesto al que se nos asciende definirá nuestro futuro dentro de la organización. Sin importar que seamos líderes de equipo o supervisores departamentales, una función prioritaria de nuestro puesto será crear un equipo o departamento productivo y motivado mediante la construcción de un ambiente de trabajo confiable. Hacerlo conducirá a:

- Una mayor satisfacción laboral
- Empleados más comprometidos e involucrados
- Mejor productividad
- Menor estrés
- Un flujo de ideas innovadoras
- Mayor retención de empleados
- Mejor servicio a clientes
- Clientes satisfechos y leales
- Un personal confiado en sí mismo

*En casi cada profesión, sea que se trate de leyes o de
periodismo, de finanzas o de medicina, de labores
académicas o de liderar una pequeña empresa, las
personas dependen de las comunicaciones confidenciales
para llevar a cabo su trabajo. Dependemos del espacio
de confianza que nos brinda dicha confidencialidad.
Cuando alguien viola dicha confianza,
todos sufrimos por ello.*

HILLARY CLINTON

Principios para crear confianza

A continuación algunas sugerencias para crear un ambiente
de confianza en el lugar de trabajo:

1. Crea un *rapport* haciendo caso a los intereses de los
   demás. Haz preguntas, aprende lo que motiva a la gente y crea un ambiente de crecimiento y aprendizaje.
2. Escucha de manera sincera, con tus oídos, tus ojos y
   tu corazón, sin prejuicios ni críticas.
3. Honra y encuentra mérito en las diferencias de opinión,
   sesgos y diversidad.
4. Pide, no ordenes. Colabora con otros en la toma de
   decisiones y muestra una actitud abierta y aceptante. Sé
   receptivo a las nuevas ideas, métodos y tecnologías.
5. Mantente dispuesto a negociar y a encontrar soluciones de compromiso para alcanzar las metas.
6. Piensa antes de hablar. Piensa en tu público, en las
   relaciones y en el ambiente antes de elegir tus palabras
   y acciones.
7. Piensa y habla en términos de "nosotros". Usa un
   lenguaje inclusivo y utiliza las emociones adecuadas.
   Comunícate con diplomacia, tacto y sensibilidad.

8. Encárgate de los problemas con celeridad. Habla de manera confiada, decisiva y con autoridad. Aporta evidencia cuando expreses tus opiniones. Utiliza tus instintos, y los hechos, para tomar decisiones sólidas.

9. Demuestra integridad. Defiende tus creencias y valores.

10. Mantente humilde, sé visible y enséñale a tu personal que estás "en la trinchera" con ellos.

11. Sé modesto en cuanto a tus conocimientos y mantente dispuesto a ceder a los conocimientos de otros participantes competentes.

12. Evita los cambios en tu estado de ánimo. Sé paciente y digno de confianza. Actúa de manera consistente, racional y justa. Sé resiliente y recupérate de tus desilusiones.

13. Sé un modelo de rol estelar. Actúa de manera profesional y siempre haz lo que prometas. Dales a los demás el beneficio de la duda.

14. Demuestra respeto, confianza y fe en los demás. Delega, empodera y cede el control. Alienta la toma de riesgos y mantente disponible para prestar ayuda cuando se necesite.

15. Sé auténtico. Demuestra congruencia entre tus palabras y tus acciones. Revela tus propios sentimientos y pensamientos con franqueza y ofrece retroalimentación constructiva según sea necesario.

16. Sé generoso, cortés y accesible, y mantente disponible como recurso.

17. Sé realista cuando comuniques visiones, metas y resultados. Ofrece oportunidades de crecimiento, entrenamiento y mentoría.

18. Sé humano. Acepta responsabilidades y admite los errores cometidos, tus fracasos y tus desventajas.

19. Trata directamente con los demás. No participes en chismes, no esparzas rumores y no hables de otros a sus espaldas.

20. Apoya a tu personal. Enfócate en las fortalezas de las personas, aliéntalas y dales confianza. Muéstrales tu aprecio, reconoce a las personas y comparte la gloria dándoles crédito a los demás por sus logros.

Cuando se pierde la confianza

Sin importar qué tan comprometidos estemos con el mantenimiento de un ambiente idóneo, habrá momentos en los que perdamos la confianza de una o más personas dentro de nuestro grupo. Esto puede ser a causa de algún malentendido o, peor aún, a causa de alguna mala decisión o acción de nuestra parte. Debemos tomar medidas inmediatas para restablecer la confianza.

A continuación cinco pasos para ayudar a restablecer la confianza en el lugar de trabajo:

1. Deja tu orgullo a un lado y permite que te perciban como vulnerable. Debemos revelarnos como seres humanos, no sólo como figuras de autoridad.
2. Analiza tus percepciones con absoluta franqueza y asume la responsabilidad plena por el papel que hayas representado en el rompimiento de la confianza. Examina tus suposiciones y sé honesto contigo mismo. Reflexiona acerca de lo que quizá hayas hecho para perder esa confianza.
3. Reúnete de manera privada con el individuo y compártele tus percepciones y preocupaciones. Pide que te dé su punto de vista. Mantén la mente abierta, escucha de veras y ponte en sus zapatos.
4. Averigua qué es lo que necesita la persona, o las personas, para que recuperes su confianza. Compárteles qué es lo que necesitas de ellos. Verifica que haya comprensión y aceptación. Planea reuniones periódicas para valorar el progreso.

5. Asegúrate de cumplir con tu parte del trato. Tus acciones dirán más que tus palabras.

> *Debemos abrirle las puertas a la oportunidad.*
> *Pero también debemos equipar a nuestra gente*
> *para que pueda pasar por dichas puertas.*
> Lyndon B. Johnson

Nuestra marca personal como líderes

Otro factor que contribuye a nuestra marca personal es la reputación que tenemos como líderes. Como supervisores, líderes de equipo o mentores, la forma en que manejamos a los nuevos miembros del equipo es esencial para demostrar nuestra marca personal en el trabajo.

Debemos establecer como prioridad ayudar a los nuevos miembros del personal a iniciar sus labores. El primer día de trabajo puede sentar las bases para el éxito o el fracaso, la felicidad o la insatisfacción, la cooperación o la rebeldía. Sin importar lo ocupados que podamos estar, debemos pasar una cantidad importante de tiempo con un empleado nuevo el día en que inicie sus labores.

Desarrolla un *rapport* inmediato

Haz planes para la llegada de la persona nueva y determina pasar al menos un par de horas con ella. Invítala a comer ese primer día; es tu oportunidad para hablar de manera informal acerca de la empresa y el departamento, y para averiguar mucho más acerca de este nuevo miembro del grupo.

Presenta al nuevo elemento con los demás integrantes del departamento y con las personas de otros departamentos con los que habrá de trabajar. Al presentarlos, siempre especifica el trabajo que hace la otra persona y lo que estará haciendo el empleado nuevo.

"Marilyn, te presento a Gloria, nuestra nueva analista de mercado. Gloria, Marilyn es la supervisora de nuestro departamento de estadísticas." Al presentar a Gloria a los funcionarios de mayor nivel, asegúrate de seguir el protocolo de tu empresa en cuanto a si deben utilizarse los nombres de pila o si es necesario un trato más formal. Incluso si tú te refieres a tu jefe como Don, su nombre de pila, si se espera que Gloria le diga señor Deane, preséntalo como el señor Deane.

Orientación

Muchas empresas tienen programas formales de orientación, a cargo del departamento de Recursos Humanos, para los nuevos miembros del personal. Por lo general, dichos programas abarcan temas tales como la historia de la empresa, discusiones relacionadas con los productos o servicios que brinda, una descripción de las prestaciones y otras cosas por el estilo. Además de dicho programa de orientación, como supervisor inmediato debes discutir la misión de tu departamento y la manera en que encaja dentro de la imagen general del funcionamiento de la empresa.

Es importante que el empleado nuevo aprenda quién es quién en el departamento y en el resto de la compañía lo antes posible. Utilizar un organigrama puede ser de utilidad, pero es frecuente que este tipo de material no cuente la historia completa. En el organigrama, Don Deane, gerente de Mercadotecnia, es nuestro jefe; pero resulta que Don está a punto de retirarse y que Ken Maynard, el gerente de Ventas a nivel nacional, es la persona a quien están preparando para tomar su lugar. Ésta podría ser información importante que necesita tener el nuevo asociado y que no estará en un organigrama tradicional.

Lo más difícil de comunicarle a un nuevo empleado es la cultura corporativa; las creencias y comportamientos colectivos que gobiernan la forma en que los miembros de una organización interactúan entre sí y cómo deben conducirse al manejar transacciones empresariales con el exterior. Es muy difícil describir este tipo de "cultura" con palabras y es frecuente que el empleado nuevo sólo pueda absorberla por sí mismo al paso del tiempo. No obstante, existen ciertos aspectos de la cultura corporativa que deben inculcarse en los nuevos empleados desde un principio.

Por ejemplo, los supermercados Stew Leonard están dedicados al servicio de sus clientes. Esto es algo en lo que adoctrinan a los empleados nuevos desde sus primeros minutos en el trabajo. De hecho, a la entrada de cada una de las tiendas puede verse lo siguiente grabado en piedra:

Regla 1: el cliente siempre tiene la razón.
Regla 2: en caso de duda, vuelva a leer la regla 1.

Una forma de ayudar a un empleado a ponerse en marcha y a aprender el funcionamiento interno de la compañía es asignarle a cada nueva persona uno o, mejor, dos mentores que puedan estar a su disposición, cuando nosotros no nos encontremos, con el fin de responder sus preguntas y guiarlos a través del laberinto de las políticas de la compañía.

Por sobre todo, debes ser un modelo de rol. Nuestros asociados acuden a nosotros en busca de guía y seguirán el ejemplo que les demos. No sólo debemos decir; también debemos hacer. A menos de que hagamos lo que decimos, nuestra gente no podrá confiar en nosotros y nuestra marca personal se verá gravemente dañada.

El ejemplo no es lo que más influye en los demás,
es lo único.
ALBERT SCHWEITZER

Descripciones laborales claras y significativas

Al orientar a los nuevos miembros del personal, un buen lugar donde comenzar es volver a leer la descripción de su puesto. ¿Realmente describe su trabajo? Si el nuevo empleado dependiera de esto, ¿podría hacer lo que se espera que haga en su nuevo trabajo? En muchas empresas es posible que la descripción del puesto se haya escrito cuando se creó el mismo y que no se haya modificado en años. La mayoría de los trabajos son dinámicos; cambian de manera constante. Es importante que se revisen todas las descripciones de los puestos año con año y que se ajusten para que realmente describan el trabajo que debe desempeñar la persona que esté en dicho puesto.

Una vez que el elemento nuevo haya leído la descripción del trabajo, deberíamos discutirlo con él. Pídele a la persona que te describa cómo percibe su trabajo. Una discusión detallada de la naturaleza del trabajo aclarará cualquier malentendido que quizá haya surgido de la simple lectura de la descripción del puesto.

Capacita, capacita, capacita

Sin importar la cantidad de experiencia que tenga la persona en el campo, es importante que le demos una capacitación específica relacionada con los métodos y técnicas que utilizamos. Es más que posible que hayan hecho las cosas de manera diferente en empleos anteriores, que se hayan visto sujetos a estándares más laxos o que se hayan enfrentado a problemas distintos. Mientras más tiempo se invierta en la capacitación de un miembro del personal al inicio de su estancia en nuestro departamento, menos problemas surgirán a futuro.

¿Quién debe llevar a cabo la capacitación? Hay organizaciones que utilizan capacitadores especiales, pero en la mayoría de ellas son los supervisores quienes capacitan a su gente. Dado que somos responsables del trabajo de nuestro personal, es indispensable que asumamos un papel importante en su capacitación. No obstante, no siempre es posible que les dediquemos el tiempo necesario para capacitarlos de lleno, de modo que se pueden utilizar otros empleados para que nos ayuden.

Cuando elijas a otra persona que te ayude a capacitar a los elementos nuevos, sigue estas pautas:

- El capacitador debe estar completamente familiarizado con el trabajo.
- Enséñale a capacitar al capacitador. No supongas que porque una persona conoce el trabajo puede capacitar a otras.
- Elige a un capacitador con una actitud positiva hacia la empresa y el trabajo. Un empleado inconforme o molesto infectará a su aprendiz con el virus de la inconformidad.
- De manera periódica, programa una reunión de retroalimentación con los empleados nuevos para verificar lo que aprendieron, dónde es que necesitan entrenamiento adicional y para indicarles cómo pueden mejorar.

Para lograr que el empleado empiece con el pie derecho y garantizar que tenga un progreso satisfactorio en el trabajo, establece un *rapport* inmediato, oriéntalo con cuidado, capacítalo por completo y da y recibe retroalimentación de manera regular.

Síntesis y esencia

- El primer paso en el desarrollo de nuestra marca personal es crear una declaración de visión y de misión.
- Un factor esencial de nuestra marca personal es nuestro código ético personal. Define nuestros estándares de lo que es correcto e incorrecto, nos ayuda a resistir la tentación y se convierte en la base para tomar decisiones éticamente sólidas.
- Parte de la imagen personal que proyectan las personas exitosas es su compromiso para lograr sus metas.
- El compromiso para lograr una meta es la certeza, en nuestra propia mente, de que alcanzaremos dicha meta. El fracaso no es opción.
- Pautas para establecer metas:
  - Haz que las metas sean claras y específicas.
  - Establece metas intermedias (objetivos, hitos o puntos de control).
  - Haz un contrato para documentar tu compromiso.
  - Entra en relación con un socio responsable para que ambos puedan pedir y rendir cuentas.
  - Recompénsate.
- La confianza es un componente importante de nuestra marca personal. Se define como la firme creencia o certeza de que es posible depender de una persona o grupo.
- Sin importar qué tan comprometidos estemos con mantener un ambiente de confianza, es posible que perdamos la confianza de una o más de las personas de nuestro grupo. Debemos tomar medidas inmediatas para restablecer dicha confianza.
- Nuestra reputación como líderes es otro de los factores que contribuyen a nuestra marca personal. Podemos encontrarnos en un papel de liderazgo como supervisores, líderes de equipo o mentores de un asociado menos experimentado.

- Una manera de ayudar a un empleado nuevo a ponerse en marcha y a aprender el funcionamiento interno de la empresa es colocar a dicha persona bajo la supervisión de un mentor que pueda responder sus preguntas y familiarizarlo con las políticas, procedimientos y prácticas de la empresa.
- Sin importar la cantidad de experiencia que una persona tenga en su campo, requiere capacitarse en los métodos y técnicas que utilizamos.

CAPÍTULO 3

CÓMO POTENCIAR NUESTRAS HABILIDADES DE GESTIÓN DE PERSONAS

Además de generar las habilidades personales necesarias para progresar en nuestra trayectoria profesional, también debemos aprender las mejores técnicas para administrar a los demás. Es frecuente que la supervisión de personal forme parte integral del ascenso por la escalera profesional.

Los gerentes que tienen una transición exitosa aumentan su contribución a la organización entre 200 y 300 por ciento.
GENE DALTON y PAUL THOMPSON,
Harvard Business School

Trabajador contra gerente

Es lógico suponer que nos ascendieron a un puesto gerencial porque resultamos efectivos en nuestro puesto anterior, pero el papel de gerente requiere de un conjunto distinto de habilidades. Como gerentes, nuestro trabajo es permitir que otros hagan lo que nosotros hicimos cuando nos encontrábamos en ese mismo puesto, pero de mejor manera. Nuestro éxito depende de lograr la transición de ejecutar a dirigir, y eso depende de nuestra capacidad para entrenar, delegar y motivar a otros de manera eficaz y eficiente.

Los gerentes efectivos equilibran los aspectos de personal y de procesos del trabajo. Un énfasis en los procesos puede conducir al desarrollo de sistemas excelentes, pero este tipo de énfasis también puede dar por resultado una situación en la que nadie los entienda o quiera trabajar con ellos. El enfoque en los procesos dice: "Éste es el plan y así es como se hacen las cosas". Por otro lado, centrarse en el personal puede derivar en que todo se detenga si las personas de las que dependemos abandonan nuestro grupo. El enfoque en el personal dice: "Discutamos el plan y la razón por la que hacemos las cosas". Al mantener un equilibrio sano entre el personal y los procesos, garantizamos que existan niveles óptimos de productividad y colaboración.

En este capítulo nos centraremos en las habilidades de gestión de personas. Las habilidades de gestión de procesos se discutirán en el capítulo 4.

Cualidades de los gerentes sobresalientes

Aunque los gerentes difieren en cuanto a sus fortalezas, capacidades y limitaciones, las investigaciones indican que los gerentes sobresalientes tienen muchas cualidades en común. En específico:

1. Tienen valores sólidos y estándares éticos elevados.
2. Lideran a través del ejemplo y actúan con integridad tanto en su vida profesional como personal.
3. Están bien informados en cuanto a las metas corporativas y departamentales, y se mantienen al tanto de los cambios.
4. Desarrollan una visión de futuro que se ajusta a las metas corporativas y departamentales, y trabajan de manera proactiva para lograr que dicha visión se convierta en una realidad.

5. Son oyentes excepcionales y comunicadores efectivos.
6. Se ganan la confianza, la credibilidad y el respeto.
7. Son flexibles bajo presión y están en control de sus emociones.
8. Le dan la bienvenida al disentimiento constructivo y a los desacuerdos, y se mantienen abiertos a las nuevas ideas y sugerencias.
9. Simplifican ideas, conceptos y procesos.
10. Nutren el concepto del trabajo de equipo y respetan la diversidad.
11. Se toman el tiempo para averiguar qué es lo que impulsa a los miembros individuales del equipo y motivan a cada uno de manera acorde.
12. Reconocen y maximizan las fortalezas de los demás.
13. Se responsabilizan a sí mismos y a los demás en relación con los resultados.
14. Son eficientes y administran su tiempo de forma efectiva.
15. Son creativos e innovadores.
16. Muestran un excelente juicio en la solución de problemas, toma de decisiones y resolución de conflictos.
17. Están comprometidos con el aprendizaje y la superación continuos.

Diez errores comunes que cometen los gerentes nuevos

Los gerentes menos experimentados tienden a cometer el mismo tipo de errores mientras aprenden cómo se hacen las cosas. Mantente atento a algunas de estas equivocaciones frecuentes:

1. Depender únicamente de su título para obtener respeto.
2. Contradecirse o no cumplir con su palabra.
3. Tomarse a título personal asuntos relacionados con el trabajo.

4. Tratar a todos los empleados de la misma manera.
5. Establecer metas sin una comprensión cabal de los objetivos y estrategias corporativos.
6. Omitir la planeación y priorización de metas departamentales.
7. No lograr comunicar los objetivos de manera clara, ni alcanzar consensos.
8. Seguir llevando a cabo tareas que deberían delegar.
9. Perder el tiempo en lugar de actuar de manera decisiva cuando se requieren cambios de personal.
10. Olvidar mostrar aprecio y reconocimiento.

No niegues el bien a quien se le debe
cuando esté en tu mano el hacerlo.
Proverbios 3:27

Qué motiva a los empleados

A medida que ascendemos por la jerarquía organizacional, la primera prioridad es reconocer que nuestro éxito depende del éxito de las personas con las que trabajamos: nuestro equipo, nuestro departamento y todas las personas tanto dentro como fuera de la organización. Al final de cuentas, el éxito de la organización también estriba en el éxito de sus proveedores y clientes. El mundo es un enorme ecosistema de dependencias.

Respecto a la retención de empleados, una encuesta Gallup de 400 compañías encontró que la relación de un trabajador con su superior inmediato incide de manera más directa con la retención de dicho empleado, que el salario u otros incentivos laborales. El liderazgo justo e inspirador, que incluye capacitación y mentoría, es lo que retiene a los empleados. Otra encuesta Gallup reveló que un indicador clave de satisfacción y productividad laboral es que el empleado sienta que es importante para su supervisor y que puede confiar en él o ella.

> *La definición convencional de gerencia es lograr que el*
> *trabajo se haga a través del personal, pero la gerencia*
> *verdadera es desarrollar al personal a través del trabajo.*
>
> AGHA HASAN ABEDI,
> banquero internacional

Trabajo estimulante y satisfactorio

Un artículo en el boletín informativo de octubre de 2003 de la Sociedad Estadounidense de Capacitación y Desarrollo sugiere que en tiempos de prosperidad los empleados valoran el trabajo estimulante y valioso más que el salario y los ascensos. Es difícil determinar el precio del trabajo interesante y gratificante. Una forma de involucrar a los empleados y hacer que se den cuenta de lo valiosas que son sus contribuciones es involucrándolos en los proyectos desde sus etapas iniciales. Además de mejorar la retención y satisfacción laboral de los empleados, incluirlos en las etapas iniciales de los proyectos estimula la innovación y motiva a los trabajadores a sentirse más orgullosos de los resultados. Cuando los empleados están más involucrados en la toma de decisiones y en la innovación, ayudan a crear el ambiente en el que pueden florecer y en el que desean permanecer.

Oportunidades de crecimiento

Si operamos bajo la suposición de que se contrató a las personas adecuadas, éstas se sentirán motivadas a aumentar sus conocimientos y habilidades, a contribuir más a los éxitos de la organización y a ascender dentro de la jerarquía de la misma. Si no logramos ofrecerles oportunidades de crecimiento, lo más probable es que busquen dichas oportunidades en otro sitio, quizá con nuestros competidores.

Una forma de demostrar nuestro compromiso con ofrecer oportunidades de crecimiento para nuestros empleados es proporcionando capacitación y cursos de educación continua, o reembolsar los costos de educación continua a los empleados que la busquen por sí mismos. Otra manera de alentar y facilitar el crecimiento y desarrollo de nuestros empleados es reembolsar las cuotas de membresía a organizaciones profesionales, así como las cuotas de registro y viáticos para asistir a conferencias, además de ofrecerles el tiempo necesario para presentarse a reuniones y conferencias.

Las empresas con altas tasas de retención de empleados suelen tener una reputación sólida en la fuerza laboral en conexión con el interés que exhiben en el desarrollo y avance profesional de sus trabajadores; no necesariamente garantizan ascensos en la jerarquía corporativa, sino puestos gratificantes e interesantes dentro de la organización.

Respetar la necesidad de una vida equilibrada

Una trayectoria profesional satisfactoria es un componente importante en la vida de la mayoría de las personas y quizá incluso sea lo más importante para algunas de ellas. No obstante, lo más frecuente es que las personas trabajen para vivir; no que vivan para trabajar. No cabe duda de que deseamos que nuestros empleados estén comprometidos con su trabajo y con nuestra organización, pero no es necesario que coman, duerman y respiren para el trabajo. Necesitamos reconocer y respetar la importancia de la familia y del tiempo personal en la vida de nuestros empleados para evitar el agotamiento y fomentar la lealtad.

Como empleadores y gerentes necesitamos estar conscientes de los factores de calidad de vida de nuestros empleados. Debemos mostrarnos sensibles a los desafíos múltiples relacionados con la carrera, el cuidado de los hijos y de los padres, enfermedades familiares y demás. Estar abiertos a los horarios flexibles y a la necesidad ocasional de trabajar desde casa demuestra el respeto que les tenemos en su esfuerzo por mantener un sano equilibrio entre el trabajo y la vida.

Compensación competitiva y prestaciones

Al listar la compensación monetaria y las prestaciones en último lugar, no es nuestra intención desestimar su importancia. Los empleados demandan, y merecen, un salario acorde a su educación, experiencia, habilidades y contribuciones al éxito de la organización. También es posible que se sientan merecedores de prestaciones tales como seguros médicos, fondos de pensión y similares.

Justo del mismo modo en que nosotros, como empleadores, requerimos que los solicitantes a un empleo satisfagan una serie de requisitos mínimos para aspirar a un puesto determinado, la compensación competitiva y las prestaciones son los requisitos mínimos que los empleados esperan de nosotros. Otros factores que se enumeran en esta sección, que incluyen el trabajo satisfactorio y estimulante, son como la cereza del pastel.

> *El líder les debe a sus seguidores conversaciones productivas acerca de los dones que el seguidor aporta a la organización y el tipo de contribuciones que dicho seguidor desea hacer, de tal suerte que puedan diseñarse tareas que le den esperanza a la persona.*
> MAX DePree, presidente emérito del Consejo, Herman Miller, Inc.

Cómo dirigir a los miembros de nuestro personal hacia un desempeño óptimo

Los ingredientes esenciales para conseguir el máximo desempeño de los miembros de nuestro personal son motivarlos y guiarlos; hacer que se sientan emocionados y entusiasmados acerca de nosotros como líderes, y acerca de la empresa y del trabajo que desempeñan.

Por desgracia demasiadas personas que forman parte de la fuerza laboral carecen de entusiasmo por el trabajo que realizan y por las empresas para las que trabajan. ¿Por qué? Desde el primer día de labores hay alguien que nos está diciendo lo que tenemos que hacer: el jefe. ¿Con qué frecuencia tenemos algún control sobre nuestra vida laboral? Si pudiéramos darles a nuestros empleados una mayor participación en cuanto a cómo hacen su trabajo y los alentáramos a tomar el control de sus empleos, derivaría en un mayor interés, compromiso y disfrute de su trabajo… y esta mayor colaboración conduciría a un aumento en su productividad. Analicemos algunos ejemplos.

Alienta a los miembros de tu personal a que conozcan su trabajo

El primer paso para lograr un desempeño sólido por parte de nuestros empleados es el conocimiento. Cuando las personas se sienten confiadas y cómodas al hacer su trabajo tienen lo que se necesita para un desempeño óptimo. Nathan es un ejemplo clásico de esto. Cuando lo contrató su empresa lo asignaron al departamento de correspondencia como mensajero y oficinista. Detestaba el trabajo y estaba a punto de renunciar. Sin embargo, durante el desempeño de sus deberes tuvo que llevar algunos materiales al departamento de informática. Había recibido algo de capacitación durante sus estudios y empezó a conversar con las personas que trabajaban allí acerca de todo lo que llevaban a cabo. Art, el supervisor del departamento de informática, notó el interés de Nathan en las computadoras y pidió que se le transfiriera a su departamento. En pocos meses Nathan había adquirido tantos conocimientos como cualquier otra persona en el departamento. Le fascinaba su nuevo trabajo, se sentía cómodo y confiado, se ganó el respeto de sus colaboradores y se convirtió en uno de los miembros más productivos del equipo de Art.

Esmérate por alcanzar la excelencia

Los buenos supervisores se esfuerzan por sacar lo mejor de su gente. Cathy sabía que, aunque el trabajo de Brandon era satisfactorio, no estaba rindiendo al máximo de su potencial. Cathy tenía que encontrar alguna manera de motivar a Brandon para que mejorara su desempeño. Programó una reunión con él y le dijo: "Tu desempeño es satisfactorio y no puedo quejarme. El punto es que sé que puedes hacer un mejor trabajo. Si estuvieras menos capacitado, me conformaría, pero tienes lo que se necesita para ser uno de los mejores elementos de toda la empresa. Estoy segura de que puedes hacer mucho más. Hagamos un plan que te ayude a alcanzar todo lo que eres capaz de lograr".

Cathy y Brandon establecieron metas conjuntas y desarrollaron un plan para determinar cómo podía alcanzarlas. Establecieron estándares para medir el progreso de Brandon hacia sus metas y los dos empezaron a reunirse de manera regular para evaluar su progreso. Al cabo de algunos meses Brandon era mucho más productivo y se sentía más entusiasmado con su trabajo, además de estar más que encaminado hacia una trayectoria profesional más emocionante y provechosa.

Alienta la participación

Por años, los científicos de la conducta han promovido la gestión participativa. Más de un estudio demuestra que es más probable que las personas se comprometan con el éxito de su equipo u organización cuando están involucradas en el proceso de toma de decisiones.

Un área en la que los trabajadores pueden ser de especial valor es en el establecimiento de cuotas. En muchos trabajos las cuotas son un elemento esencial. A los trabajadores de fábrica se les dan cuotas de producción por hora; los representantes de ventas tienen cuotas de ventas mensuales y anuales, y los camioneros tienen cuotas relacionadas con las entregas que hacen o con las distancias que conducen. ¿Quién suele establecer dichas cuotas? El jefe. Sin embargo, cuando se involucra a los trabajadores en el proceso del establecimiento de cuotas, típicamente son más agresivos en sus cálculos y es más probable que cumplan con las mismas.

Cuando el supervisor le informó a Jack que debía producir 100 unidades más por hora con su equipo, Jack pensó: "Absurdo. Quizá 70, ¿pero 100? ¡Imposible!" Pero imagina que su jefe tomara un enfoque distinto: "Jack, en la actualidad nuestros competidores están llevando sus procesos de fabricación al extranjero, donde los costos de producción son mucho menores que aquí. Si queremos sobrevivir necesitamos aumentar nuestra producción por hora en toda la empresa. ¿Cuánto más crees que pudieras hacer?" En este momento, es posible que Jack piense: "La supervivencia de la compañía está en juego, al igual que mi trabajo. Puedo producir 90 unidades". Ahora Jack no sólo está motivado a producir más, sino que, debido a que la cuota es una cifra que él estableció, y no una que fijó su jefe, su compromiso por alcanzarla es fuerte y genuino; proviene de su interior. Es más probable que Jack encuentre maneras de aumentar su producción por hora todavía más y, como experto en la operación de su equipo, es el más calificado para ofrecer soluciones innovadoras que puedan aumentar la producción. Incluso es posible que genere ideas para mejorar el aparato de producción.

Alienta las nuevas ideas

La mayoría de los empleados se siente valorada cuando la empresa toma en serio sus sugerencias e ideas. Nadie espera que todas sus sugerencias se acepten e implementen, pero los miembros del personal quieren que se les dé la consideración debida a sus ideas. Debemos inculcar en nuestros empleados una actitud de insatisfacción constructiva y un espíritu innovador. Ningún proceso o práctica deben aceptarse tan sólo por ser habituales. Tenemos que eliminar la creencia de que si siempre hemos hecho las cosas de una cierta manera, ésa es la mejor manera posible.

Siempre debemos ver a futuro y alentar a todos los miembros del personal a pensar, pensar y pensar... no sólo a aceptar las cosas como son. Las sugerencias deben valorarse de manera objetiva y, si son viables, intentarse. Los empleados que sugieren ideas deben recibir retroalimentación en cuanto a cómo están funcionando dichas ideas y verse recompensados cuando se aceptan o implementan.

Si los empleados sienten que sus contribuciones a la organización se valoran y que tienen algo que decir en cuanto a cómo hacen sus trabajos, participarán más y se comprometerán más a tener éxito, se presentarán a trabajar con emoción y entusiasmo, y harán el máximo esfuerzo posible.

En gustos se rompen géneros

Un ingrediente esencial para desarrollar un equipo altamente motivado es tomarse el tiempo para conocer a cada integrante como individuo. Los miembros de nuestro personal son seres humanos, no robots, cada uno de ellos con fortalezas y debilidades, con intereses personales y un estilo propio de trabajo. Averiguar y comprender las individualidades de cada persona es esencial para generar un grupo de personas motivadas.

Aunque dicho proceso quizá comience con un examen cuidadoso de la capacitación, habilidades y áreas de conocimiento de cada persona, así como de sus contribuciones a la organización, no debe quedar en eso. También necesitamos saber lo que le importa más a cada persona; sus metas profesionales, sus intereses familiares y personales, sus preocupaciones especiales y cualquier otro factor adicional que motive a dicho individuo.

Aprende los patrones de conducta de cada persona

Cada quien tiene patrones de conducta profundamente arraigados; sus modos de operación. Por ejemplo, podrías darles el mismo encargo a tres personas diferentes y cada una de ellas lo haría de manera distinta. Lo primero que hace Christine es discutir el encargo con su gerente y sus compañeros de trabajo. Pat hace preguntas hasta que comprende por completo lo que se le está pidiendo que haga. Curt se mete de lleno y comete un montón de errores, pero termina por llegar a la solución por sí mismo.

Estos patrones de comportamiento nos ofrecen pistas en cuanto a las razones por las que uno de los empleados es más productivo que otro, por qué un cierto empleado tiene mayor propensión a cometer errores y por qué otro parece ser más innovador. Al comprender el "porqué" tendremos las bases para ofrecer una mejor orientación y para sacarle el mayor provecho a lo que nuestros empleados tienen que ofrecer.

Conoce a tus asociados

La mejor manera de llegar a conocer a las personas es hablando con ellas, haciéndoles preguntas y pidiendo su opinión acerca de muchas cosas. Quizá pienses que esto es demasiado intrusivo. No quieres ser entrometido y no es necesario que lo seas; no es necesario que hagas preguntas personales de manera directa. Podemos aprender mucho acerca de nuestros asociados, colegas y compañeros de trabajo al observarlos en acción, al escuchar lo que les dicen a otros y al observar aquello que *no* dicen.

Quizá no sea educado escuchar las conversaciones ajenas, pero cuando las personas participan en discusiones que pueden oírse con facilidad podemos aprender mucho de ellas. A través de la observación, no tardará mucho antes de que podamos identificar los gustos y aversiones, particularidades y excentricidades, problemas y preocupaciones o lo que sea que motive o desaliente a nuestros asociados en el trabajo.

Cuando te encuentres supervisando a un pequeño número de personas, es fácil recordar los detalles de cada una, pero si tenemos un departamento o equipo grande a nuestro cargo, puede resultar desafiante tener en mente lo que mueve a cada persona. Considera llevar un cuaderno o documento con una página dedicada a cada miembro del personal. En la misma, incluye el nombre de la persona, el nombre y edades de su cónyuge y de sus hijos, sus pasatiempos e intereses, y cualquier otro rasgo conductual o dato de su personalidad que nos ayude a conectarnos con él o ella y a administrarlos de manera más eficaz.

Aplica técnicas motivacionales

Incluso después de recibir capacitación en técnicas motivacionales, a muchos gerentes nuevos se les dificulta implementarlas en su trato cotidiano con el personal. A continuación algunas sugerencias para empezar:

- Averigua más acerca de las metas y aspiraciones individuales de cada asociado.
- Vuélvete más accesible para la gente que se reporta contigo. En lugar de ignorar sus preguntas y sugerencias, tómate el tiempo para escucharlas, evaluarlas y responder a las mismas.
- Supera la tentación de tomar todas y cada una de las decisiones. Cuando alguien te pida que tomes una decisión, replantéale el problema a la persona que te está pidiendo una solución: "¿Y tú qué piensas que se debería hacer?"
- Cuando se reciban nuevos proyectos, en lugar de planear el trabajo pide la ayuda de la totalidad de tu grupo.

- Alienta a tus asociados a adquirir habilidades adicionales a sus responsabilidades laborales habituales. Usa la capacitación cruzada y asígnales trabajos que requieran de una interacción con otros miembros del grupo que tengan habilidades diferentes y lleven a cabo distintos tipos de trabajo.
- Consulta con todos los miembros del personal para garantizar que comprendan lo que se espera de ellos en el trabajo y la forma en que se evaluará su desempeño.
- De manera periódica, implementa reuniones emocionantes y productivas en tu departamento.
- Visita a tus proveedores y subcontratistas, e invítalos a visitar la empresa y a asistir a las reuniones.

Si sigues estas sugerencias, obtendrás resultados positivos tales como aumentos en la productividad, una mejor calidad y una entusiasta cooperación y colaboración entre los miembros de tu grupo.

> *La buena administración consiste en inspirar a las personas*
> *promedio a hacer el trabajo de personas superiores.*
> JOHN D. ROCKEFELLER

Enriquece el trabajo

Aunque existen muchos empleos que tienen ingredientes que pueden conducir al disfrute y a la satisfacción, hay muchas personas con trabajos rutinarios que a veces son tediosos. Es difícil, si no imposible, generar entusiasmo en relación con tales empleos.

Una manera de hacer que los trabajos aburridos sean más "amistosos con el trabajador" es rediseñarlos. Haz que el trabajo sea menos rutinario ampliando su alcance. Céntrate en lo que debe lograrse más que en cada uno de los pasos y rediseña la forma en que se llevan a cabo las labores.

Éste es un ejemplo de la forma en que funciona el enriquecimiento laboral. Cuando contrataron a Susan para dirigir el departamento de procesamiento de reclamaciones de la Trust Insurance Company, heredó un departamento lleno de empleados insatisfechos con una alta tasa de rotación de personal. La operación de procesamiento de reclamaciones era poco menos que una línea de montaje. Cada encargado revisaba una de las secciones del formato y lo pasaba a otros oficinistas, cada uno de los cuales verificaba otra sección. Si se encontraba algún error, el formato se enviaba a un especialista para su manejo. ¿Eficiente? Quizá, pero hacía que el trabajo fuera monótono al extremo.

Susan reestructuró el proceso. Eliminó la línea de ensamble y reentrenó a cada oficinista para que revisara la totalidad de la reclamación, corrigiera cualquier tipo de error y manejara el problema de manera individual. Aunque las operaciones se retrasaron durante el periodo de transición, rindió frutos al dar por resultado un equipo altamente motivado de trabajadores que disfrutaba de participar en el proceso de revisión de reclamaciones de principio a fin y que hallaba satisfactorio el proceso. La producción aumentó de manera significativa y la rotación de personal se redujo al mínimo dentro del departamento.

Cuando se capacita a los asociados a llevar a cabo cada aspecto del trabajo que maneja la totalidad del grupo no sólo puede asignarse cualquier porción del trabajo a cualquiera de los miembros del personal (lo que nos ofrece una enorme flexibilidad), sino que, debido a que los asociados hacen trabajos distintos en momentos diferentes, la naturaleza rutinaria y aburrida de algunos trabajos se reduce de manera considerable.

A nadie le gusta sentir que se le está ordenando u obligando a hacer algo. Con mucho, preferimos sentir que estamos participando de buen grado o que estamos actuando según nuestras propias ideas. Nos gusta que se nos consulte en cuanto a nuestros deseos, necesidades y pensamientos.

DALE CARNEGIE

Evita la motivación negativa

Amenazar con despedir a las personas si no satisfacen los estándares de producción o si no se acoplan a las reglas de la empresa resulta eficaz en ocasiones; al menos de manera temporal. Cuando los trabajos escasean y la gente sabe que no tendrá un empleo si la despiden, *claro* que trabaja. ¿Pero qué tanto lo hace? Algunas personas trabajan sólo lo suficiente para evitar que las despidan y nada más. Este temor no es una motivación real; la motivación *verdadera* alienta a las personas a producir más de lo mínimo necesario para conservar su empleo.

El temor de perder el empleo se vuelve todavía menos motivador a medida que se expande el mercado laboral. Si hay trabajos equivalentes en ambientes más agradables, ¿por qué trabajar para un dictador?

Hay personas que sí responden a la motivación negativa. Quizá se criaron con padres intimidantes o llevan tanto tiempo trabajando para jefes tiránicos que es el único tipo de vida que comprenden. Los buenos líderes deben reconocer la individualidad de cada persona y adaptar lo que utilizan para motivar a esa persona con lo que mejor funciona en su caso.

Veintiún motivadores que funcionan realmente bien

A continuación encontrarás algunas de las mejores técnicas para motivar a las personas que se comprometan a tener un desempeño superior:

1. Alienta la participación en el establecimiento de metas y en la determinación de cómo alcanzarlas.
2. Mantén a todos los empleados al tanto de la manera en que su trabajo se relaciona con el de otras personas dentro de la organización.
3. Dales a todos los empleados las herramientas y capacitación necesarias para triunfar.
4. Paga al menos el salario promedio para el trabajo que deba llevarse a cabo.
5. Ofrece condiciones de trabajo buenas y seguras.
6. Ofrece instrucciones claras que se comprendan y acepten con facilidad.
7. Conoce las habilidades de cada persona y asigna tareas con base en sus capacidades para manejarlas.
8. Permite que las personas tomen decisiones relacionadas con su trabajo.
9. Sé accesible; escucha de manera activa y empática.
10. Ofrece reconocimiento y elogios por el trabajo bien hecho.
11. Da respuestas inmediatas y directas a cualquier pregunta.
12. Trata a tus empleados de manera justa, y con respeto y consideración.
13. Ayuda con los problemas de trabajo.
14. Alienta a tus empleados a adquirir conocimientos y habilidades adicionales.
15. Muestra interés y preocupación por las personas a nivel individual.
16. Aprende los patrones de conducta de tus empleados y trata con ellos de manera acorde.
17. Haz que cada persona sea parte integral del equipo.
18. Procura que todo tu personal se sienta desafiado y emocionado por su trabajo.
19. Considera las ideas y sugerencias de tus asociados.
20. Mantén a la gente informada de su desempeño.

21. Alienta a todo el mundo a que haga su mejor esfuerzo y después apoya y reconócelo.

Reconocimiento y apreciación

A menudo el dinero —las promesas de aumentos salariales o bonos— es el motivador principal que utilizan los gerentes. Cierto, hay personas que se ven motivadas por los incentivos financieros, pero hay otro tipo de incentivos que funcionan de manera todavía más efectiva. En muchas encuestas el agradecimiento y la participación se citan con mayor frecuencia que el dinero como factor principal para mantener felices a los empleados. El reconocimiento y la apreciación por los logros son motivadores poderosos. Es indispensable demostrarles a las personas, tanto de manera verbal como no verbal, que la gerencia respeta su postura y las considera esenciales para el éxito de la organización. Valoran la celebración tanto pública como privada de hitos y victorias, y aprecian el reconocimiento puntual y sincero, sea de manera verbal o por escrito.

Con mucha frecuencia olvidamos expresar nuestro agradecimiento a aquellos que hacen que nuestro éxito sea posible y que nuestro trabajo sea más disfrutable. Como gerentes, nuestra prioridad es hacerles saber a los miembros de nuestro personal que apreciamos sus contribuciones para satisfacer nuestros objetivos.

Busca situaciones merecedoras de elogios

Cuando tratamos con nuestros empleados tendemos a buscar cosas que criticar en lugar de aquellas que elogiar. Damos por hecho que los trabajadores buenos harán un buen trabajo y jamás los reconocemos por el mismo.

Un buen ejemplo es Doug, el dueño de una cadena de supermercados. Dijo esto acerca de su relación con Tom, el gerente de una de sus tiendas más productivas: "Siempre que entraba a esa tienda encontraba defectos con todo lo que estaba haciendo Tom. Esperaba que administrara la tienda a la perfección porque sabía que era capaz de hacerlo. Cuando de veras evalué el progreso de la tienda me di cuenta de que había aumentado el volumen de ventas en 10 000 dólares por semana, que había pasado de estar en números rojos a negros, y que era del agrado tanto de clientes como de empleados. Había estado tan ocupado criticándolo que jamás le di crédito por lo que había logrado.

"En la siguiente oportunidad en la que visité su sucursal nos dirigimos a la trastienda y lo felicité por el excelente trabajo que estaba haciendo. De manera específica, le comenté acerca del aumento en ingresos y lo elogié por sus relaciones con los clientes. Se quedó allí parado, con sus más de dos metros de estatura, y sus ojos se llenaron de lágrimas. Me dijo: 'Jefe, jamás me había hablado así en todo el tiempo que llevo trabajando para usted. Me da gusto saber cómo es que de veras se siente respecto a mí'."

Muchos ejecutivos empresariales sienten que un aumento de sueldo o un bono es indicación suficiente de apreciación por un trabajo bien hecho. Timothy, dueño de una planta manufacturera, quería hacer algo más. De manera consistente, uno de sus empleados producía más que los otros. Su bono de productividad era mayor al que recibían los demás trabajadores, pero el dinero no podía expresar la gratitud que sentía, de modo que le escribió una carta personal de agradecimiento que incluyó en el sobre en el que venía el cheque con el bono. En la carta le dio las gracias y le expresó lo mucho que significaba para la empresa. Más tarde su empleado le dio las gracias por escribirla. Le dijo que lo había hecho llorar y Timothy comentó que casi lo hizo llorar a él escuchar las palabras de su empleado.

Virginia, la jefa de cajeros de su banco, jamás olvida darles la bienvenida de regreso a los empleados que se ausentan por vacaciones o por estar de permiso. Les pregunta acerca de sus vacaciones, cómo se sienten y cómo está su familia, y escucha con atención lo que tienen que responderle. Después los pone al corriente acerca de lo que está sucediendo en el banco; de cualquier cambio que pueda tener un impacto sobre su trabajo y de cualquier otro tema de interés. Los hace sentir que se les ha extrañado y es cierto, porque Virginia los extraña. Su preocupación acerca de su bienestar se percibe como sincera porque lo es.

Cuando se le dice a alguien que se le extrañó, o que se le aprecia incluso cuando no sucede nada especial para dar lugar a dicho comentario, puede ser una experiencia gratificante tanto para la persona que recibe la muestra de aprecio como para aquella que la expresa.

¿Cuál es la razón por la que las personas no expresan su agradecimiento? Tal vez sintamos que estamos ofreciendo un reconocimiento tácito al no expresar alguna crítica o que es innecesario expresar nuestra apreciación cuando una persona "sólo está haciendo su trabajo". Tal vez sintamos que expresar nuestro aprecio por alguien es una señal de debilidad o que se percibirá como poco sincero. Por desgracia, cuando perdemos la oportunidad de expresar nuestro agradecimiento perdemos la de motivar, alentar y nutrir un sentido de lealtad en la otra persona.

Reitera tu agradecimiento

No es necesario mostrarnos efusivos al expresar nuestra apreciación. Es más que suficiente un sincero reconocimiento de la manera en que nos sentimos acerca del trabajo que se hizo, del servicio que se ofreció o del orgullo que experimentamos por algún logro específico. No existe persona alguna que se canse de recibir un agradecimiento sincero. Suponer que nuestra apreciación está implícita sin que la expresemos es defraudar a la otra persona. Dile a esa persona que realmente aprecias lo que hizo y las razones por las que te sientes así. En situaciones en las que eso es el resultado de una acción específica, dale las gracias tan pronto como sea posible. Al igual que cuando se le pone betún a un pastel, la expresión de nuestro agradecimiento endulzará el gozo del logro mismo.

Si nuestro reconocimiento se debe a una actividad continua a largo plazo, es más que apropiado expresar nuestro agradecimiento de manera periódica. De la misma manera en que enriquecemos nuestro matrimonio al decirle a nuestro esposo o esposa de vez en cuando lo mucho que significa nuestra vida juntos o la forma en que apreciamos las pequeñas cosas que hacen para hacer la vida más agradable, expresarle nuestro agradecimiento a un asociado enriquecerá el ambiente de trabajo.

Algunas personas sienten que expresar su reconocimiento hacia otros puede destacar sus propias deficiencias. A nivel inconsciente piensan: "Si les digo que hicieron algo bien, sentirán (al igual que otros) que soy inferior a ellos". Esta conclusión carece de fundamentos lógicos. Todas las personas grandiosas han expresado su gratitud de manera repetida a aquellos que les han sido de ayuda. De hecho, aumenta la imagen de fortaleza que se han ganado y engendra un mayor grado de lealtad entre sus seguidores.

Por sobre todas las cosas, sé sincero

Esta apreciación debe ser sincera. Realmente debes sentir y creer lo que estás diciendo para que se perciba como genuino. La falta de sinceridad no puede esconderse tras las palabras elegantes. Nuestra voz, nuestros ojos y nuestro lenguaje corporal, en su conjunto, reflejan nuestros sentimientos verdaderos. No hay razón para fingir expresiones de aprecio. Darnos cuenta de lo mucho que les debemos a estas personas debería bastar para acceder al pozo de verdadera y sincera gratitud que está al fondo de nuestros corazones. Déjala fluir. No la detengas cuando llegue a tu boca. Deja que se derrame en los oídos de aquellos que la merecen y su vida, al igual que la tuya, será un poco mejor ese día.

> *A las personas no les importa lo mucho que sabes,*
> *les importa lo mucho que te importan.*
> HOWARD SCHULTZ, presidente del
> Consejo Administrativo de Starbucks

Síntesis y esencia

1. Como gerentes, nuestro trabajo es conseguir que otros hagan lo mismo que hacíamos, pero de mejor manera.
2. Los empleados valoran más la relación que tienen con su supervisor directo que su sueldo u otras formas de compensación monetaria.
3. Al proporcionar oportunidades de crecimiento les damos a nuestros empleados menos razones para buscar trabajo en otro sitio.
4. Para mantener a los empleados felices y productivos, lograr que se sientan apreciados e involucrados en el proceso de toma de decisiones es más eficaz que las compensaciones monetarias.
5. Mediante la observación de los patrones conductuales de cada empleado podemos comprender con mayor claridad cómo es que funcionan y así obtener discernimientos acerca de cómo administrarlos en formas que mejoren su productividad.
6. Una forma de hacer que los trabajos aburridos sean más entretenidos es reestructurarlos en formas que le den a cada miembro del equipo una mayor sensación de pertenencia y logro en lo que hace.
7. Amenazar con despedir a las personas por asuntos relacionados con su desempeño es ineficaz cuando la meta es un desempeño óptimo. Algunos empleados harán justo lo necesario para evitar que los despidan y ni un poco más. El miedo no es un motivador real; la *verdadera* motivación alienta a las personas a producir más de lo que es esencial para conservar su empleo.
8. Examina los veintiún motivadores que funcionan realmente bien.

9. El agradecimiento debe ser sincero, y la sinceridad es difícil de fingir, de modo que debemos mostrar un interés genuino en nuestros empleados y en aquello que le es más importante a cada uno de ellos.

CAPÍTULO 4

CÓMO POTENCIAR NUESTRAS HABILIDADES DE GESTIÓN DE PROCESOS

Además de perfeccionar sus habilidades para tratar con las personas, los gerentes potenciales deben dominar los elementos de la gestión de procesos que implementan las organizaciones para triunfar en la obtención de sus metas. Éstas incluyen planeación, delegación, gestión del tiempo, establecimiento de prioridades y alentar la innovación.

> *Si no sabemos hacia qué puerto nos dirigimos, no hay viento que nos sea favorable.*
> SÉNECA

El proceso de planeación

Ningún trabajo puede llevarse a cabo de manera exitosa sin una planeación cuidadosa. Al establecer nuestro plan para cualquier esfuerzo debemos:

1. Definir el resultado deseado.
2. Evaluar la situación actual.
3. Tener un claro entendimiento de las metas que deseamos alcanzar.

4. Listar las medidas que se requieren para lograr nuestras metas.
5. Evaluar los costos.
6. Establecer itinerarios para todo lo que se requiere hacer.
7. Implementar el plan.
8. Monitorear el progreso hacia el logro de nuestros objetivos y realizar ajustes según sea necesario.

Tomar estos pasos mejorará nuestras oportunidades para alcanzar el resultado deseado.

Paso 1: define el resultado deseado

El resultado deseado es el desenlace final que queremos. Debemos especificar cómo es que beneficiará a nuestro departamento o equipo, a nuestra clientela y a todos los demás factores que incluya. Esto debe establecerse con claridad y debe acordarse entre la alta gerencia y nosotros. Si no hacemos un buen trabajo al definir el alcance del proyecto, su planeación será casi imposible.

Paso 2: evalúa la situación actual

Asegúrate de hacer un análisis franco del punto en el que te encuentras en este momento. ¿Cuál es la realidad de la situación actual? ¿Qué factores ayudan u obstaculizan tus esfuerzos por llevar a cabo el proyecto y lo que abarca?

Paso 3: establece metas

Define y especifica metas realistas que logren incluir el alcance total del proyecto de manera exitosa. Sin este tipo de metas quedamos a la deriva. Las metas pueden ser inmediatas, intermedias y a largo plazo. Alcanzar los objetivos cotidianos (inmediatos) contribuye al logro de las metas intermedias y de largo plazo. La sigla SMART ("inteligente" en inglés) puede ayudarnos a establecerlas.

Las metas deben ser inteligentes:

Específicas (*specific*), en términos de procesos y recursos.
Medibles (*measurable*), a través de datos objetivos.
Alcanzables (*attainable*), en el sentido de que es posible lograrlas.
Relevantes (*relevant*), para nuestra visión.
Oportunas (*time specific*), con un límite de tiempo.

> *Todos los fracasos de los que he sabido, todos los errores que he cometido y todas las insensateces que he observado, tanto en la vida pública como en la privada, han sido la consecuencia de las acciones tomadas de forma irreflexiva.*
> BERNARD BARUCH, accionista y asesor de diversos presidentes

Paso 4: define las medidas que se requieren para lograr las metas especificadas

Para alcanzar las metas es necesario establecer prioridades y desarrollar medidas específicas a tomar. Estas medidas deben incluir:

- Los requisitos del trabajo
- Las personas que lo llevarán a cabo
- Los métodos a utilizar
- Integrar todas las partes para que se incluyan en el proyecto
- Comunicación de resultados y formato (informe escrito, presentación de PowerPoint, etc.)

Paso 5: *identifica los costos*

Determina el presupuesto y los costos de cada una de las medidas.

Los costos incluyen:

- Personal
- Materiales
- Tiempo
- Gastos fijos
- Gastos varios

Paso 6: *establece itinerarios*

Deben determinarse y comunicarse las fechas límite para asegurar una clara comprensión de los límites y de las entregas que deben realizarse en las fechas establecidas. Hacerlo garantizará que puedan satisfacerse las metas inmediatas, intermedias y de largo plazo. Al establecer los itinerarios debes ser realista. Ve hacia atrás desde la fecha de terminación del proyecto para determinar cuándo debe finalizarse cada fase. Especifica el itinerario por escrito y repártelo para evitar malentendidos.

Paso 7: *implementa el plan*

Una parte importante de la implementación del plan que a menudo se pasa por alto es asegurarse de que todos los involucrados comprendan el papel que representan en el logro de las metas. Debe establecerse un compromiso con las metas acordadas. Monitorear la implementación puede derivar en que se modifique el alcance del plan y se reevalúen las metas.

Paso 8: *monitorea el progreso y haz ajustes según sea necesario*

Una parte crítica del proceso de implementación es llevar registros precisos, analizar las razones por las que suceden desvíos y tomar medidas para corregir cualquier desafío. El monitoreo consistente del progreso es esencial para lograr nuestras metas.

> *Estar ocupado no siempre implica un trabajo real.*
> *El objetivo de todo trabajo es la producción o el logro, y*
> *para alcanzar cualquiera de estas metas debe existir*
> *previsión, sistema, planeación, inteligencia y propósito*
> *honesto, así como mucho sudor.*
> *Dar la apariencia de que haces algo*
> *no es lo mismo que hacerlo.*
> THOMAS ALVA EDISON

Delega

No cabe la menor duda de que nosotros, así como los miembros de nuestro departamento, tenemos mucho trabajo que hacer. Una herramienta administrativa esencial es determinar exactamente qué trabajo haremos nosotros y cuál otras personas. Cuando delegamos no sólo le asignamos tareas a nuestro personal, sino también el poder y la autoridad para llevarlas a cabo.

Una *delegación* eficaz significa que el supervisor les tiene la confianza suficiente a los miembros de su personal como para saber que llevará a cabo el trabajo de manera satisfactoria y expedita.

Con mucha frecuencia los gerentes quedan empantanados por hacer más de lo que deberían. Responde las siguientes preguntas para determinar si estás haciendo demasiado:

1. ¿Llevas trabajo a casa?
2. ¿Todavía llevas a cabo tareas que hacías antes de que te ascendieran?
3. ¿Se te interrumpe de manera frecuente en busca de consejos o información?
4. ¿Te ocupas de detalles que otras personas podrían manejar?
5. ¿Te involucras de manera directa con demasiados proyectos?
6. ¿Es frecuente que te ocupes de crisis y que reacciones a asuntos poco urgentes?
7. ¿Trabajas más horas que otros gerentes en tu empresa?
8. ¿Pasas tiempo haciendo cosas por otros que podrían hacer ellos mismos?
9. ¿Te ves abrumado por correos electrónicos y mensajes de voz después de estar fuera de la oficina por unos cuantos días?
10. ¿Te involucras en proyectos que tenías la idea de haber asignado a alguien más?

Si respondiste sí a estas preguntas, necesitas reevaluar tu empleo y la forma en que manejas tu carga de trabajo. Es muy probable que puedas delegar mucho más a tu personal sin que alteres el desempeño de tu departamento.

El mejor ejecutivo es aquel que tiene el sentido común suficiente como para elegir a las personas adecuadas para que hagan lo que quiere y el autocontrol suficiente para evitar entrometerse con ellos mientras lo hacen.
THEODORE ROOSEVELT

No dudes en delegar

Somos responsables de todo lo que sucede en nuestro departamento, pero no es posible, ni provechoso, que hagamos todo nosotros mismos. El trabajo excesivo puede llevar a la extenuación y a las úlceras o, incluso, a infartos y a colapsos nerviosos.

Por supuesto, hay algunas cosas que sólo nosotros podemos hacer, decisiones que sólo nosotros podemos tomar y áreas críticas que sólo nosotros podemos manejar. No obstante, muchas de las actividades que llevamos a cabo pueden y deben quedar en manos de otros.

La *delegación* nos permite colocar el trabajo correcto al nivel de responsabilidad adecuado, lo que ayuda a que tanto nosotros como nuestros asociados expandamos nuestras capacidades y contribuciones. Esto también garantiza que todo el trabajo se haga a tiempo por medio de la persona que tiene la experiencia o interés adecuados.

> *Si tienes algo difícil que debes hacer,*
> *asígnaselo a una persona capaz, pero perezosa.*
> *Encontrará la manera fácil de hacerlo.*
> ANÓNIMO

Asignación de tareas

Es necesario que conozcamos las capacidades de nuestros asociados. Al planear sus tareas considera qué persona puede hacer qué labor de manera eficaz. Si no nos encontramos bajo presiones de tiempo, podemos usar dichas tareas para aumentar las habilidades de algunas personas. Mientras más personas haya que tengan las capacidades para asumir una variedad de tareas, más fácil será tu trabajo. Si ninguna persona de nuestro personal puede hacer el trabajo, por supuesto que tendremos que hacerlo nosotros mismos, pero asegúrate de capacitar a uno o más empleados en una variedad de tareas para que el trabajo en las mismas pueda delegarse a futuro.

Cerciórate de que las instrucciones se comprendan por completo y se acepten

Una vez que des instrucciones detalladas a alguno de los miembros del personal, lo más probable es que preguntes: "¿Entendiste?", y la respuesta habitual es sí.

¿Pero de veras entienden los empleados? Quizá. Pero también es posible que la persona no esté del todo segura y que de buena fe diga que comprende, o quizá no entienda en lo absoluto lo que debe hacer, pero le avergüenza demasiado decirlo.

En lugar de preguntar: "¿Entiendes?", pregunta: "¿Qué es lo que tienes que hacer?" Si su respuesta te indica que uno o más elementos no están del todo claros, puedes corregir al empleado antes de que empiece a hacer la tarea de manera inadecuada.

En los casos en que resulte esencial que nuestros delegados acaten nuestras instrucciones al pie de la letra, debemos cerciorarnos de que las comprendan a la perfección. Hazles una prueba; plantéales preguntas específicas de modo que haya un acuerdo absoluto sobre lo que deben hacer. Cuando no sea tan esencial que la actividad delegada se lleve a cabo de una manera específica, basta con que obtengas una retroalimentación más general.

No sólo es necesario que se comprendan todas las instrucciones, sino que es indispensable que el delegado las acepte. Supongamos que el martes por la mañana Janet, la gerente de oficina, le da una tarea a Jeremy, misma que debe cumplir para las 3:30 de la tarde de ese mismo día. Jeremy analiza la cantidad de trabajo involucrado y se dice a sí mismo: "No hay forma de hacerlo". Es poco probable que cumpla con ese límite temporal.

Con el fin de obtener su aceptación, déjale saber al empleado la importancia que tiene el trabajo. Janet podría decir:

"Jeremy, este informe debe estar sobre el escritorio de la directora en cuanto llegue mañana por la mañana. Lo necesita para la junta que tendrá con el comité ejecutivo a primera hora. ¿Cuándo crees que puedas tenerlo?" Es posible que Jeremy piense: "Esto es muy importante. Si me salto la hora de comer y no le hablo a mi novia, puedo tenerlo para las 5:00".

¿Cuál fue la razón por la que Janet dijo de origen que necesitaba el informe para las 3:30 si, de hecho, no lo necesitaba sino hasta el día siguiente? Tal vez pensó que si decía que lo necesitaba para las 3:30, Jeremy haría hasta lo imposible por terminar el informe para el final del día, pero hay muchas personas que no responden de manera positiva a ese tipo de presión. Al verse enfrentadas con lo que consideran como un límite poco razonable, muchas personas ni siquiera hacen el intento de satisfacerlo. Si a las personas se les permite establecer sus propios itinerarios dentro de límites razonables, se comprometerán de lleno a satisfacer el límite o, incluso, finalizarán las cosas antes del mismo.

Ahora bien, supongamos que de veras era necesario que Jeremy terminara el informe para las 3:30 para que se pudiera revisar, fotocopiar, organizar y engargolar. Para tener el informe listo a tiempo, Janet pudo haber designado que alguien más ayudara a Jeremy o haberle pedido que no saliera a comer ese día.

> *Nunca les digas a las personas cómo hacer las cosas. Diles qué deben hacer y te sorprenderán con su ingenio.*
> GEORGE S. PATTON, general estadounidense

Establece puntos de control

Un punto de control es aquel en el que detenemos un proyecto, examinamos el trabajo que se ha llevado a cabo y corregimos cualquier error. Los puntos de control pueden ayudarnos a detectar errores antes de que se conviertan en verdaderas catástrofes.

Un punto de control *no* es una inspección sorpresa. Los empleados deben saber exactamente cuándo sucederá cada punto de control y qué debe lograrse para ese momento.

No debemos tomar decisiones en cada una de las etapas de una tarea ni estar viendo por encima del hombro de los empleados para verificar que les estén poniendo los puntos a todas las íes. Cuando nos esforzamos por controlarlo todo, reprimimos la creatividad y evitamos que los miembros del equipo trabajen al máximo de su potencial.

> *Ninguna persona que quiera hacerlo todo por sí misma,*
> *o que desee llevarse todo el crédito,*
> *podrá hacer un gran negocio.*
> ANDREW CARNEGIE

Proporciona las herramientas y la autoridad para llevar a cabo el trabajo

Un trabajo no puede hacerse sin las herramientas adecuadas. Ofrecer el equipo, itinerarios razonables y acceso a recursos es un paso evidente, pero delegar la *autoridad* es un asunto completamente distinto.

Muchos gerentes se resisten a ceder cualquier cantidad de autoridad. Si el trabajo ha de hacerse sin que controlemos cada aspecto individual del mismo, debemos darles el poder de tomar decisiones a las personas que estén haciendo dicho trabajo.

Si tus empleados necesitan recursos o materiales, asígnales un presupuesto para que los adquieran sin que tengan que pedir tu aprobación en cada compra que lleven a cabo. Si hay alguna tarea que requiera de horas extras, dales el poder para autorizarlas. Si tenemos que estar allí para tomar cada decisión, el trabajo se empantanará, nuestro personal se sentirá desempoderado y lo más probable es que pierdan su entusiasmo por el trabajo.

> *Rodéate de las mejores personas que puedas encontrar,*
> *delega autoridad y no interfieras.*
> RONALD REAGAN

Cuando delegamos, no abdicamos

Casi siempre nuestros delegados tendrán preguntas, buscarán nuestro consejo y necesitarán de nuestra ayuda. Debes estar allí para lo que necesiten, pero no permitas que te devuelvan la totalidad del proyecto. Hazles saber que estás disponible para ayudar, aconsejar y apoyar, pero no para hacer su trabajo.

Cuando las personas te lleven algún problema insiste en que te busquen con alguna sugerencia de cómo solucionarlo. En el mejor de los casos, solucionarán el problema sin siquiera acudir a nosotros y, como mínimo, nos preguntarán: "¿Crees que esta solución funcione?", cosa que es mucho más fácil de responder que: "¿Y ahora qué hago?"

Al seguir estas sugerencias para la delegación eficaz del trabajo nos convertiremos en gerentes más efectivos. Como gerentes, debemos involucrarnos en las tareas de mayor nivel, como innovar, planear y coordinar, al tiempo que delegamos las tareas de menor nivel a los miembros de nuestro equipo. La meta es sacarles provecho a tus conocimientos y experiencia para lograr la máxima productividad de los miembros de tu equipo. Delegar también permite que los miembros de tu equipo lleven a cabo el trabajo que es más adecuado para ellos, lo que además impulsa el desarrollo de sus propias habilidades y experiencia. Y más importante aún, te dejará en libertad para perfeccionar tus capacidades gerenciales.

Gestión eficaz del tiempo

Otra habilidad importante que debemos dominar como gerentes es la gestión adecuada de nuestro tiempo. Por desgracia, la falta de capacidad para controlar el tiempo es uno de los problemas más comunes al que nos enfrentamos en el cumplimiento de nuestras metas.

Para ayudarte a comprender qué podría impedir que utilices tu tiempo de modo eficaz, clasifica la siguiente lista de elementos en orden del obstáculo más grande al más pequeño, donde el número uno representa el más grande. Trata de determinar qué pasos debes tomar para superar estos obstáculos.

_____ Falta de enfoque y motivación

_____ Constantes perturbaciones e interrupciones

_____ Demasiado que hacer en demasiado poco tiempo

_____ Recursos insuficientes para llevar a cabo el trabajo

_____ Mala planeación

_____ Tendencia a procrastinar

_____ Incapacidad para organizarte y establecer prioridades

_____ Incapacidad para delegar de manera efectiva

_____ Incapacidad para tomar decisiones puntuales

_____ Reuniones ineficaces que consumen demasiado tiempo

_____ Estrés

No basta estar ocupado; las hormigas también lo están.
La pregunta es: ¿en qué nos ocupamos?
HENRY DAVID THOREAU

Principios de la gestión eficaz del tiempo

El tiempo es limitado. Cada día cuenta con sólo 24 horas. Cada semana tiene sólo siete días. Cada mes contiene únicamente cuatro semanas. No obstante, la realidad es que podemos expandir el tiempo haciendo un uso más eficiente del mismo. Ésta es la manera de hacerlo:

1. Pon "tu casa" en orden. Despeja el desorden de tu escritorio y organiza tu espacio de trabajo y papeles según su importancia y frecuencia de uso.
2. Utiliza herramientas para la administración del tiempo tales como listas de pendientes, bloques de tiempo, lotes de tareas, registros de tiempo, listas de proyectos, listas de prioridades y calendarios.
3. Publica las listas de pendientes y prioridades; date una recompensa cuando finalices cada punto.
4. Establece metas realistas, divídelas en pasos pequeños y ponte en marcha. Sólo empieza; te sorprenderá lo fácil que es llegar al final.
5. Sé eficiente; planea cada día y llena los pequeños espacios libres con elementos breves de tu lista de pendientes.
6. Presta atención a tu reloj interno. Hay personas que de manera clara funcionan mejor en las mañanas o en las noches. En cualquier caso, haz las cosas cuando tus niveles de energía y productividad estén a su máximo nivel. Crea un cronograma para sacarle ventaja a los momentos pico de cada día.
7. Cuando sientas que estás inspirado aprovecha el momento: sácales jugo a esas explosiones de energía, motivación

y creatividad. Estos momentos pueden "cancelar" los bloques improductivos de tiempo.

8. Dite a ti mismo: "Mañana salgo de vacaciones y todo debe quedar perfecto antes de que me vaya". Aumenta tu productividad y hazte cargo de todos los asuntos, llamadas y correos electrónicos urgentes.

9. Aprende a tomar decisiones acertadas con velocidad.

10. Vive en segmentos de un día en los que consideres que cada día es una oportunidad para lograr algo importante. Elimina distracciones, minimiza interrupciones y céntrate en la tarea o proyecto a tratar.

11. Aprovecha al máximo los retrasos y las pausas para volver a energizarte y potenciar tu creatividad.

12. No te comprometas a demasiado ni te ofrezcas a hacer trabajo adicional; sólo di no. No siempre necesitas dar explicaciones.

13. Deshazte de la actitud de "Si quiero que algo se haga bien, debo hacerlo yo mismo". Delega a los demás; confía en que harán su trabajo.

14. Ajusta tu actitud; pon el despertador más temprano y disponte a trabajar con entusiasmo.

15. Ve a las expos comerciales y lee publicaciones del gremio para encontrar ideas y tecnologías de ahorro del tiempo.

16. Benefíciate de los errores por medio de determinar lo que puede hacerse de manera diferente a la próxima.

Cuida de los minutos,
que las horas cuidarán de sí mismas.
Lord Chesterfield

Utiliza registros mensuales, semanales y diarios de tiempo

Aquí podrás ver ejemplos de registros para la gestión de tiempo:

Lista mensual de proyectos	
Para el mes de _____	
Planeo hacer… *Completa la frase antes del inicio del mes.*	Observaciones *Completa al final de cada mes.*
Proyecto 1: Medidas a tomar %	**Proyecto 1:** Logros %
%	%
%	%
Proyecto 2: Medidas a tomar %	**Proyecto 2:** Logros %
%	%
%	%
Proyecto 3: Medidas a tomar %	**Proyecto 3:** Logros %
%	%
%	%

Añade el número de proyectos que sean necesarios.

Registro semanal de tiempo					
	Lunes	Martes	Miércoles	Jueves	Viernes
Pre- 7:00					
7:00 -					
7:30 -					
8:00 -					
8:30 -					
9:00 -					
9:30 -					
10:00 -					
10:30 -					
11:00 -					
11:30 -					
12:00 -					
12:30 -					
1:00 -					
1:30 -					
2:00 -					
2:30 -					
3:00 -					
3:30 -					
4:00 -					
4:30 -					
5:00 -					
5:30 -					
6:00 -					
6:30 -					
Post 6:30					

Registro diario de tiempo	
Día de la semana _____	
Pre- 7:00	
7:00 -	
7:30 -	
8:00 -	
8:30 -	
9:00 -	
9:30 -	
10:00 -	
10:30 -	
11:00 -	
11:30 -	
12:00 -	
12:30 -	
1:00 -	
1:30 -	
2:00 -	
2:30 -	
3:00 -	
3:30 -	
4:00 -	
4:30 -	
5:00 -	
5:30 -	
6:00 -	
6:30 -	
Post 6:30	

La tiranía de lo urgente

Una de las razones más frecuentes por las que no se logran los objetivos es que se confunde lo que es urgente con lo que es importante. Siempre se presentarán crisis que necesiten atenderse, pero jamás debemos perder de vista aquello que resulta esencial para alcanzar el éxito a largo plazo.

Algunas cosas son tanto urgentes como importantes, como lidiar con crisis extremas, cumplir con fechas límite y resolver conflictos.

Es posible que algunas cosas importantes no sean urgentes. Entre éstas se encuentran la planeación de proyectos, la especificación de valores, la construcción de relaciones y el desarrollo de habilidades.

Hay cosas que son urgentes, pero que no son importantes, como llamadas telefónicas, interrupciones, correos electrónicos, mensajes de texto y otras por el estilo.

Algunas cosas no son ni urgentes ni importantes, como el correo basura, el trabajo de relleno u ocuparnos de asuntos personales en la computadora.

Los gerentes eficaces tienen presente la urgencia e importancia pertinentes de las tareas en la forma en que utilizan su tiempo.

Prioriza

> *Si quieres hacer buen uso de tu tiempo,*
> *tienes que averiguar qué es lo más importante*
> *y después darle todo lo que tengas.*
> LEE IACOCCA

Dirigimos personas y gestionamos prioridades para responder a las demandas de nuestra industria, a nuestros clientes y a los resultados deseados. En un mundo perfecto, tiempo, costos y calidad serían iguales.

Pero la realidad del mundo actual es que tenemos que hacer más —mejor, más rápido y con menos—, de modo que es imperativo priorizar. Es importante saber qué gobierna nuestro mundo y si nuestro jefe, colegas y organización coinciden en cuanto a los factores que dominan nuestro negocio. Este conocimiento ayudará a garantizar que nuestras prioridades se encuentren en sintonía con las de nuestra organización.

A continuación algunas pautas que te ayudarán a especificar prioridades:

- Prepara una lista de pendientes.
- Dispón la lista en el orden de importancia que tiene para ti, tanto a nivel personal como profesional.
- Toma en cuenta cómo algunos de los elementos de la lista podrían afectar a otros (por ejemplo, alguien podría necesitar algo de nuestra parte para poder hacer su trabajo).
- Especifica las fechas límite para cada tarea.
- Analiza las consecuencias de no terminar alguna tarea para la fecha límite establecida.
- Examina las recompensas que obtendrías por hacer la tarea a tiempo.
- Delega o elimina las tareas que se encuentren al final de tu lista. Lo más seguro es que no merezcan acaparar tu tiempo.

Priorización de asuntos "críticos"

Las investigaciones actuales sugieren que los líderes orientados a la acción consideran sus proyectos y metas de alta prioridad, los temas "críticos", de manera amplia y estratégica. Pueden comunicar el contexto empresarial actual de los proyectos, el papel estratégico que tienen los mismos, y la forma en que todos los interesados se verán impactados por la conclusión exitosa de dichos proyectos y pueden explicar de manera sucinta dónde y cómo es que sus proyectos se relacionan con la estrategia empresarial general de la organización.

Algunos ejemplos de temas críticos podrían ser:

- Aumento de ingresos
- Aumento de la participación de mercado
- Aumento en la satisfacción y retención de clientes
- Reducción de costos
- Aumento de productividad
- Soluciones creativas para enfrentar desafío

El principio de Pareto y la regla 80/20

En 1906 el economista italiano Vilfredo Pareto creó una fórmula para describir la distribución inequitativa de la riqueza en su país. De manera específica, observó que 20% de las personas poseían 80% de la riqueza. (Por supuesto, en la actualidad, esas cifras se encuentran todavía más inclinadas en los Estados Unidos.) Después de que Pareto hiciera esta observación y creara su fórmula, otras personas observaron fenómenos parecidos en sus áreas de especialidad. El pionero de la gestión de calidad, el doctor Joseph Juran, reconoció un principio universal que llamó "los pocos vitales y los muchos triviales". La observación del doctor Juran condujo al principio de que 20% de algo suele ser, en general, responsable de 80% de los resultados. Esto llegó a conocerse como el principio de Pareto o la regla 80/20.

Los siguientes son ejemplos de la regla 80/20:

- Un 20% de las existencias acapara 80% del espacio de almacenamiento.
- El 80% de las ventas está generado por 20% del personal.

- Un 20% del personal ocasionará 80% de los problemas.
- Un 20% del personal generará 80% de la producción.
- Un 20% de las actividades producirá 80% de los resultados.

Por supuesto, estas cifras no necesariamente pueden aplicarse a cualquier conjunto individual de circunstancias en cualquier organización, pero podemos utilizar esta regla en términos metafóricos para representar la inequidad habitual en distribución y contribución. Este concepto puede ser una herramienta útil para ayudar a administrar nuestro tiempo de manera efectiva. Debe servir como recordatorio diario para centrar el equivalente a 80% de nuestro tiempo y energía sobre el 20% de las tareas que son vitales.

Cinco maneras de causar un impacto inmediato

En la mayoría de las empresas hay una intensa competencia entre las personas altamente calificadas que pueden obtener un ascenso. Una excelente manera de darnos una ventaja inicial es causar un impacto inmediato sobre el éxito de la organización para la que laboramos. A continuación encontrarás cinco formas para causar un impacto rápido y positivo.

1. **Ahorra dinero**. La dedicación continua a encontrar formas para ahorrar dinero sin sacrificar la calidad de los bienes y servicios que se ofrecen está al centro de toda organización exitosa. Si podemos analizar los costos ocultos y crear medidas para disminuir gastos, pueden reducirse los gastos indirectos y nuestros esfuerzos generarán mayores ganancias. Suma a todos los miembros de tu equipo para que te den sugerencias sobre las diferentes formas de reducir costos.

2. **Ahorra tiempo.** Cada segundo cuenta y el tiempo es dinero. Todos los miembros experimentados de la alta gerencia saben que el tiempo es el más escaso de todos los recursos. Si podemos encontrar maneras de ahorrar tiempos por medio de la dinamización de procesos y la eliminación de actividades superfluas, lograremos causar un impacto inmediato.

3. **Mejora la calidad.** Pedir la retroalimentación de nuestros clientes y proveedores, y prestarles atención, puede proporcionarnos información invaluable para mejorar la calidad de nuestros bienes y servicios. Las encuestas y valoraciones nos dan discernimientos excelentes acerca de la forma de elevar nuestros estándares para causar un impacto inmediato.

4. **Aumenta la participación de mercado.** Cuando aumentamos nuestra base de clientes reducimos nuestra competencia. Generar confianza, exceder expectativas, ofrecer un servicio a clientes de primera y pedir recomendaciones son sólo algunas de las maneras para aumentar ventas y desarrollar nuestro negocio. Podemos causar un impacto inmediato al aumentar nuestra participación de mercado.

5. **Mejora la imagen de marca.** Casi todo lo que hacemos y decimos es un reflejo de la imagen de la marca. Desde el proceder de nuestro personal de ventas y la disposición de los materiales de marketing y colaterales hasta nuestro servicio al cliente y calidad, todo ello tiene un impacto sobre nuestra imagen. Todas las empresas exitosas tienen una poderosa imagen de marca; logran diferenciarse claramente de la competencia de forma exitosa.

Además de lo anterior, estar conscientes de nuestra competencia es esencial para gestionar la marca. Es muy probable que una sencilla búsqueda en internet relacionada con la industria en la que se centra nuestra organización nos pueda ofrecer mucha información. Toma nota del tamaño de tus competidores, del alcance de los servicios que ofrecen y del área geográfica a la que prestan servicio. Estudia su sitio web y ve qué es lo que hace que se parezcan o diferencien de tu compañía. Una vez que tengas esta información, puedes determinar qué se puede hacer para aumentar la visibilidad de tu empresa en la industria y destacarse de las demás. Puedes causar un impacto inmediato si te dedicas a buscar formas de mejorar la imagen de marca.

Análisis FODA

Como candidato a ascensos, estarás bajo la constante valoración de los miembros de tu organización. Para adelantarte a las ideas que la alta gerencia tiene de ti, es importante que te valores a ti mismo de manera periódica. Una herramienta es el análisis FODA; es una herramienta que se utiliza para comprender las Fortalezas, Oportunidades, Debilidades y Amenazas a las que te enfrentarás en tu intento por lograr una meta u objetivo en particular. Te dará información acerca de los desafíos con los que puedes toparte.

El análisis FODA te permite enfocarte en tus fortalezas, minimizar tus debilidades, afrontar amenazas y sacar el mayor provecho posible de las oportunidades que tengas disponibles.

Fortalezas

Ten en cuenta las siguientes preguntas para identificar tus fortalezas:

- ¿Qué haces excepcionalmente bien?
- ¿Con qué ventajas cuentas?
- ¿Qué activos y recursos tienes?

Debilidades

Considera las siguientes preguntas para identificar tus debilidades:

- ¿Qué podrías hacer mejor?
- ¿Qué críticas has recibido?
- ¿Cuáles son tus vulnerabilidades?

Oportunidades

Identifica oportunidades planteándote las siguientes preguntas:

- ¿Qué oportunidades tienes ya identificadas?
- ¿Estás al tanto de tendencias de las que podrías sacar provecho?
- ¿Cómo es que puedes utilizar tus fortalezas para garantizar tu éxito?

Amenazas

Considera las siguientes interrogantes para descubrir aquello que amenaza tu éxito:

- ¿Qué desafíos podrían obstaculizar tu éxito?
- ¿Cuáles son tus planes para afrontar dichos desafíos?

El proceso de innovación

Por siglos, las personas se han sentido fascinadas por el proceso creativo; por los pasos que una persona o grupo de personas siguen para analizar un problema u oportunidad de manera sistemática, imparcial y, a menudo, poco convencional. Algunos investigadores han intentado descubrir y comprender qué es lo que "hace" que una persona sea creativa. Otros han estudiado el tipo de ambiente que estimula la creatividad y que nutre el desarrollo de la misma, y otros más se han enfocado en el desarrollo de productos, procesos y servicios que potencien la creatividad. De manera reciente, las investigaciones en ciencias sociales y de la conducta han desmitificado el concepto de creatividad al mostrar cómo incluso los poderes más modestos de razonamiento, análisis y experimentación nos pueden ayudar a cambiar de perspectiva, a obtener una visión más profunda y a generar ideas novedosas.

Este aumento de conciencia y comprensión ha cautivado la imaginación de los gerentes del mundo entero, quienes reconocen los enormes beneficios de aumentar los poderes creativos y las capacidades de resolución de problemas de sus equipos. De hecho, las encuestas muestran que, a menudo, se cree que la capacidad para pensar de manera creativa —de analizar problemas y oportunidades de formas nuevas e innovadoras— es una de las habilidades más valiosas dentro de las organizaciones comprometidas a mejorar de manera continua. ¿Por qué es así? Porque las ideas creativas derivan en nuevos descubrimientos, en mejores formas de hacer las cosas, en reducciones de costos y en mejoras del desempeño; temas de vital importancia para los negocios que operan en los ambientes cada vez más competitivos de la actualidad.

Es por ello que la innovación debe considerarse como un recurso y gestionarse como todos los demás; para así satisfacer a nuestra clientela.

> *Podrás decir que soy un soñador, pero no soy el único.*
> *Espero que algún día te unas a nosotros*
> *y que el mundo viva como uno solo.*
> JOHN LENNON

El mecanismo del pensamiento

El mecanismo de pensamiento del cerebro humano puede describirse como compuesto por dos partes: una dedicada al pensamiento creativo desinhibido y la otra dedicada al razonamiento analítico y crítico. Estos dos mecanismos rara vez funcionan bien de manera conjunta. Por lo general es necesario que alternemos entre estas dos partes para evitar que sofoquemos nuestra creatividad. Es frecuente que se utilice la metáfora del semáforo para describir la forma en que funciona este proceso: verde significa avanza, desata tu creatividad, y rojo significa detente y echa un vistazo crítico a esas ideas creativas.

Piensa en el proceso como la diferencia entre escribir y editar. Cuando escribimos, queremos plasmar todas nuestras ideas sobre el papel. Cuando editamos, empezamos a elegir cuáles ideas son merecedoras de expresión y llevamos a cabo un proceso en el que eliminamos algunas y les damos forma a otras.

Pensamiento de luz verde

A lo largo de los años se ha aplicado el término "pensamiento de luz verde" al proceso de pensamiento que más conduce a la generación de ideas creativas. Se enfatizan la cantidad y la originalidad de las ideas, no su calidad. El pensamiento de luz verde implica lo siguiente:

- Juicios diferidos
- Lluvias de ideas
- Fluidez de ideas
- Ráfagas de ideas

La mejor manera de tener una buena idea
es tener muchas de ellas.
LINUS PAULING

Pensamiento de luz roja

La parte crítica de la mente analiza y evalúa las ideas que emanan del lado creativo y desinhibido del cerebro. Aquí el enfoque se centra en la calidad de las ideas. No estamos deteniendo el proceso creativo por completo, sino que estamos tomándonos un descanso para valorar y desafiar las diferentes ideas. El pensamiento de luz roja implica lo siguiente:

- Pensamiento crítico
- Selección/rechazo de ideas
- Calidad de las ideas
- Dar forma a las ideas

Aunque el pensamiento de luz verde y de luz roja se presentan como procesos completamente separados, pueden traslaparse y es frecuente que lo hagan. A medida que escribimos algo es frecuente que editemos a un mismo tiempo. No obstante, separar ambos procesos, en especial al principio, suele ser el abordaje más eficaz. Cuando tratamos de mezclar el pensamiento creativo con el crítico es frecuente que no logremos darle rienda suelta a nuestra mente creativa.

El pensamiento occidental se centra de manera primordial en el razonamiento crítico, de modo que gran parte de nuestra educación y capacitación se dedican a fomentar nuestras habilidades de razonamiento analítico y crítico; comparar, contrastar, categorizar, analizar, identificar errores, y así sucesivamente. A causa de esto, es frecuente que no logremos involucrar de lleno a nuestra mente creativa y que no consigamos reconocer qué tan creativos somos en realidad. Hay veces que sólo le damos rienda suelta a nuestra creatividad cuando estamos dormidos, el único momento en que nuestra mente crítica se desentiende por completo. No obstante, a través de la capacitación y la práctica podemos aprender a involucrar a nuestra mente creativa de manera más plena.

Cultivación de nuestras capacidades creativas

Muchos no consideramos que seamos innovadores. Pensamos que la creatividad es un rasgo innato limitado a personas como Leonardo da Vinci, Thomas Edison, Steve Jobs y Elon Musk. Esto no es así; todos contamos con la capacidad para crear.

Empieza examinando cualquier producto, servicio o situación donde puedan utilizarse los siguientes procesos de innovación como herramientas para la resolución de problemas o la exploración de oportunidades. El proceso debe utilizarse con mente abierta, no verse limitado por los productos, personas o procesos ya implementados, o por el pensamiento convencional. La serie de pasos que aparece a continuación está diseñada para ayudarnos a ver nuestro negocio desde una nueva perspectiva.

Paso 1: visualización

¿Cuál es tu meta u objetivo? Crea una imagen de lo que quieres que sea el desenlace y genera una visión del aspecto que *tendrá* la situación ideal que "debería existir". Sea que se trate de un problema a superar o de una oportunidad para mejorar, el proceso de visualización ayudará a plantear la escena y nos motivará a seguir adelante.

Paso 2: recopilación de datos

Consigue la información necesaria. Analiza el "quién", "qué", "cuándo", "dónde", "por qué" y "cómo" de las situaciones. Sea que resulten positivos o negativos, estos detalles deben ser objetivos. Necesitamos diferir nuestros juicios acerca de los hechos y sólo dedicarnos a acumularlos. La información que recabemos puede incluir "síntomas" o "causas" que detonen ideas al participar en el proceso de pensamiento relacionado con cómo eliminarlos. Debemos tener en mente que "la solución correcta para el problema equivocado es más peligrosa que la solución incorrecta para el problema adecuado". Una vez identificadas de manera apropiada, las oportunidades, los problemas, o ambos, podrán priorizarse.

Paso 3: búsqueda de oportunidades

La manera en que especifiquemos la oportunidad dictará si obtenemos colaboraciones creativas o críticas. Nuestro objetivo es posponer juicios y evitar la "culpabilización" mental o verbal. Es por ello que cada oportunidad debe expresarse en la forma de la siguiente pregunta: "¿Cómo podemos...?" Por ejemplo: "¿Cómo podemos aumentar las ventas?" o bien: "¿Cómo podemos reducir costos?"

Paso 4: exploración de ideas

La exploración de ideas puede hacerse de manera individual o en grupo. De manera popular, la participación grupal se denomina "lluvia de ideas". En este punto no se permite el pensamiento crítico.

Para eliminar la autocensura (motivada por el temor a la vergüenza) se debe pedir a los participantes que escriban sus ideas antes de que las expresen de manera verbal. Escribirlas les ayuda a las personas a concentrarse en la cantidad y no en la calidad. Permite la "fluidez de ideas" sin que los miembros del grupo reaccionen a las opiniones, ideas o personalidades de los demás.

Paso 5: descubrimiento de soluciones

El pensamiento crítico se dará en el paso del descubrimiento de soluciones, donde evaluaremos las ideas que se produjeron en el paso del pensamiento de luz verde. Después de que se haya escrito lo suficiente, el facilitador debe pedirles a los participantes que determinen cuáles son sus "mejores" ideas y cuáles las "más descabelladas". Durante la discusión de las "mejores" ideas, el facilitador debe permitir que otros hablen primero para evitar la contaminación del proceso. Durante la discusión de las ideas "más descabelladas" el facilitador debe tomar la palabra primero, para asegurarse de que los demás participantes no caigan en la autocensura. Se deben diferir los juicios, esforzarse por obtener la mayor cantidad posible y estimular la generación de ideas nuevas a partir de las que se estén ofreciendo.

Con base en las ideas generadas podemos preguntarnos: ¿qué criterios deben utilizarse para evaluar estas ideas o soluciones? ¿Qué factores deben determinar si una idea o solución es viable? ¿Qué criterios son esenciales y cuáles deseables pero no esenciales?

Paso 6: búsqueda de aceptación

A menos de que implementemos la solución de manera personal, es posible que tengamos que involucrar a otras personas, lo que quizá plantee toda una serie nueva de desafíos. Necesitamos anticipar objeciones a nuestras ideas y tal vez sea necesario reiniciar el proceso desde la etapa de Búsqueda de oportunidades (es decir, "¿Cómo podemos lograr un consenso?"). Es por esto que, con frecuencia, el proceso de innovación no es lineal; una solución sugerida puede convertirse en un problema nuevo.

Paso 7: implementación

En los pasos de pensamiento de luz verde y de luz roja identificamos ideas y soluciones. Ahora necesitamos ejecutarlas. Establece un itinerario donde se liste cada fase del proyecto hasta tu finalización.

Paso 8: seguimiento

Al llevar a cabo un seguimiento garantizamos que sigamos encauzados. Programa reuniones de seguimiento a los 30 y 60 días, o establece otro marco temporal que sea apropiado para el progreso del proyecto. No dejes de lado lo que ya se inició; mantén vivas la energía y la motivación.

Paso 9: evaluación

Piensa si tus esfuerzos resultaron provechosos. ¿Se lograron los resultados deseados? ¿El proceso creativo que seguimos produjo el desenlace deseado? ¿Es necesario regresar al inicio y que llevemos a cabo sesiones de lluvia de ideas de luz verde una vez más?

> *El capital no es tan importante en los negocios.*
> *La experiencia no es tan importante; ambas cosas pueden*
> *conseguirse. Lo que importa son las ideas. Si tienes ideas,*
> *tienes el activo principal que necesitas y no existe límite*
> *alguno de lo que puedes hacer con tu negocio*
> *y con tu vida.*
> HARVEY FIRESTONE

Generación de la participación de grupo

No podemos optimizar los procesos de nuestra organización a solas. Los líderes exitosos no sólo alientan la participación de sus asociados en la generación de la innovación, sino que también la convierten en un componente integral de sus trabajos.

Algunas sugerencias para ayudar a construir un grupo participativo incluyen:

- Crea un ambiente que aliente las ideas.
- Deja que todos los participantes estudien el problema o la oportunidad antes de la sesión.
- Limita las sesiones a 20 o 30 minutos.
- Alienta a cada participante a ofrecer ideas, sin importar lo irrelevantes o descabelladas que puedan parecer. Las que parecen ser malas ideas pueden generar ideas más significativas en la mente de los demás participantes.
- No le des "luz roja" a cualquiera de las ideas que se ofrezcan.
- Nunca evalúes ninguna respuesta; mantente neutral.
- No des tus propias ideas durante la junta.
- Alienta el pensamiento innovador.
- Motiva a los participantes a "montarse" o a basarse en las ideas de los demás.
- Esmérate por conseguir una buena cantidad de ideas.
- Permite que cada concepto proporcione las bases para la consideración de todas las ideas relacionadas o similares.
- Desalienta a los participantes a que evalúen las ideas.
- Desalienta a los participantes a que "vendan" sus ideas.
- Anota todas las respuestas que se ofrezcan.
- Revisa la lista.
- Permite que las personas añadan a la lista.
- Dales una copia de la misma a todos los participantes dentro de la semana posterior a la reunión.

Síntesis y esencia

1. No hay trabajo alguno que pueda llevarse a cabo de manera exitosa sin una planeación cuidadosa.
2. Los ocho pasos de la planeación efectiva son:
   - Especifica claramente qué es lo que se quiere lograr.
   - Evalúa la situación actual.
   - Establece metas inmediatas, intermedias y a largo plazo.
   - Determina los pasos a tomar.
   - Analiza los costos: establece los presupuestos del proyecto.
   - Establece un programa para el momento en que debe finalizarse cada fase o etapa.
   - Obtén el compromiso de todos los participantes para garantizar la implementación del plan.
   - Lleva a cabo un seguimiento; analiza cualquier desviación y corrígela.
3. No podemos hacer la mayoría de los proyectos a solas. Asigna distintas fases a miembros calificados del personal y dales la autoridad y el poder para llevarlas a cabo.
4. Al delegar tareas, asegúrate de que tus instrucciones se entiendan claramente y que se acepten.
5. Establece puntos de control para detectar errores antes de que se conviertan en catástrofes.
6. Los delegados casi siempre tendrán preguntas, buscarán consejo y necesitarán de tu ayuda. Déjales saber que estás allí para ayudar, aconsejar y dar apoyo, pero no para hacer su trabajo.
7. Los gerentes deben administrar su tiempo de manera efectiva. Revisa los 16 consejos de ahorro de tiempo que se listan en el presente capítulo.
8. Utiliza registros mensuales, semanales y diarios de tiempo.

9. Para hacer el mejor uso de nuestro tiempo debemos saber y priorizar aquello que resulta más importante.

10. Cuando establezcas tus prioridades considera los "asuntos críticos"; los temas de mayor preocupación para la alta gerencia y los demás interesados.

11. Cinco maneras para tener un impacto más inmediato son:

    • Ahorra dinero.
    • Ahorra tiempo.
    • Mejora la calidad.
    • Aumenta la participación de mercado.
    • Mejora la imagen de marca.

12. La capacidad para innovar, para crear nuevos productos o sistemas y hacer que evolucionen los productos, servicios o sistemas existentes es un atributo que la alta gerencia busca en los gerentes dignos de ascensos.

13. El mecanismo de pensamiento del cerebro humano puede describirse como conformado de dos lados: uno que da lugar al pensamiento creativo desinhibido (pensamiento de luz verde) y el otro donde se da el pensamiento analítico o crítico (pensamiento de luz roja).

14. Todos somos creativos. Empieza buscando cualquier producto, servicio o situación donde pueda utilizarse el proceso de innovación como herramienta para la resolución de problemas o para la exploración de oportunidades.

15. Alienta a tu personal a ser innovador mediante el establecimiento de un ambiente creativo, cooperativo y sustentador que siempre esté abierto a las ideas y conceptos nuevos.

CAPÍTULO 5

CÓMO POTENCIAR NUESTRAS HABILIDADES PARA HABLAR EN PÚBLICO

Los líderes deben ser excelentes comunicadores. Una parte importante de la capacitación dirigida a nuestro avance tiene que ver con la habilidad para presentar nuestras ideas a otros, tanto de manera verbal como escrita, y de recibir las aportaciones que puedan tener. En este capítulo discutiremos la manera de perfeccionar nuestras técnicas para hablar en público. En el siguiente, discutiremos nuestras habilidades de escritura.

Presentaciones informativas

El tipo más común de presentación de negocios es aquel que se lleva a cabo para ofrecer información. En nuestra trayectoria profesional escucharemos a distintos presentadores que de manera semanal, o incluso diaria, nos brindarán datos que irán desde informes de estado a pautas procedimentales, hasta cambios de política. Para muchos de nosotros la mayoría de las presentaciones que demos caerán en esta categoría informativa, de una manera u otra.

Como líderes, se nos pedirá que hagamos distintas presentaciones en una variedad de circunstancias. Éstas incluirán:
- Sesiones de capacitación
- Reuniones de ventas/juntas de avance con el personal

- Presentaciones del estado de un proyecto
- Presentaciones de resultados financieros
- Lanzamientos de producto/proyecto
- Presentaciones técnicas
- Sesiones de orientación
- Ponencias en asociaciones profesionales y gremiales
- Ponencias en cámaras de comercio, clubes de servicios y organizaciones comunitarias

Algunos individuos son muy competentes para dar presentaciones informativas. Nos retiramos de la presentación con una clara comprensión del mensaje, del desenlace deseado y de los puntos clave que debemos recordar. Por otro lado, muchas presentaciones informativas son desorganizadas y difíciles de comprender, por lo que nos alejamos de las mismas con sólo una vaga idea del objetivo de la presentación.

A medida que nos preparamos para asumir diferentes puestos gerenciales debemos aprender el enfoque paso a paso de estas presentaciones para que así estemos seguros de que nuestro mensaje sea claro, que nuestros oyentes permanezcan involucrados y que incluyamos todos los puntos pertinentes que deseemos comunicar.

Todo aquello que puede pensarse en absoluto,
puede pensarse de forma clara.
Todo aquello que pueda decirse,
puede decirse con claridad.
LUDWIG WITTGENSTEIN

Evaluación de la planeación de presentaciones

Para evaluar la forma en que ofreces presentaciones informativas en la actualidad, responde a las siguientes preguntas utilizando *S* para siempre, *A* para a veces y *N* para nunca.

1. Planeo cómo comunicar mi información de manera cuidadosa. _____

2. Utilizo apoyos visuales para que mi mensaje sea más fácil de comprender. _____

3. Preparo materiales impresos o alguna presentación de PowerPoint para reforzar mi mensaje. _____

4. Llevo a cabo sesiones de preguntas y respuestas después de proporcionar la información. _____

5. Hago un seguimiento para asegurarme de que mis oyentes hayan comprendido mi mensaje. _____

6. Pido retroalimentación para verificar qué tan bien comuniqué mi mensaje. _____

7. Practico mis presentaciones antes de ofrecerlas. _____

8. Utilizo un enfoque estructurado en la preparación de mi mensaje. _____

9. Realizo investigaciones que sustenten mi evidencia para que mi mensaje sea más convincente. _____

10. Utilizo ejemplos o descripciones ilustrativas para que mi presentación sea más interesante. _____

11. Limito el contenido a la información más pertinente.
_____

12. A menudo hago resúmenes para mantener encauzados a mis oyentes. _____

13. Les pido a mis colegas que me den retroalimentación acerca de mis presentaciones. _____

14. Mis oyentes se mantienen interesados cuando les presento información. _____

15. Puedo dar una presentación con energía y entusiasmo.
_____

Nuestra meta es poder capacitarnos para lograr responder *S* a todas estas preguntas.

¿Quiénes son nuestros oyentes?

Los expositores profesionales toman en cuenta a sus oyentes cuando planean sus presentaciones informativas. Uno de los retos principales de este tipo de presentación es asegurarnos de que no estemos hablando por encima o por debajo del nivel de conocimientos y experiencia de nuestros oyentes. Muchos públicos se compondrán de individuos con diversos niveles de experiencia, cosa que hace que nuestra tarea resulte aún más desafiante.

Cuando planees dar una presentación informativa haz el mayor esfuerzo posible por averiguar lo más que puedas acerca del conocimiento que tus oyentes tengan del tema.

- ¿Qué tan educados están mis oyentes en cuanto al tema de la presentación?
- Por ejemplo, ¿estoy hablando frente a ingenieros, frente a usuarios finales o ambos?
- ¿Es necesario que ofrezca antecedentes amplios para colocar el tema en perspectiva, o mis oyentes están familiarizados con el contexto de mi mensaje?
- ¿Qué experiencia o educación previa tienen los miembros del público en relación con el tema?
- ¿Este tema es algo con lo que los oyentes lidian a diario o cada semana, o es algo nuevo para ellos?
- Si tienen experiencia con el tema, ¿qué tipos de asuntos o preocupaciones surgieron en el pasado que querrían que se trataran?
- ¿Tengo alguna razón para suponer que mi público podría tener sentimientos intensos conectados con el tema de la presentación?
- Si hay algún problema, ¿qué tipo de actitudes se verán reflejadas en este público en particular?
- ¿Qué problemas o críticas han surgido con este público en relación con mi tema?
- ¿Qué personalidades presentes podrían tener un sesgo personal a favor o en contra de mi mensaje principal?
- ¿Es éste un grupo que necesite todos los detalles posibles que pueda ofrecerles, o están en busca de un resumen general del tema?
- ¿Qué tipo de impacto tendrá mi mensaje sobre el grupo? ¿Qué tanto les pediré que cambien lo que ya están haciendo?
- ¿En mi mensaje existen asuntos de seguridad o política que requieran de información detallada para los oyentes?

Planeación de la presentación

El propósito de una presentación es comunicar información. Nuestra meta es comunicar esta información de forma interesante, atractiva y profesional. A los oyentes les gustan las presentaciones breves y organizadas que destaquen los puntos principales con rapidez y claridad. Al planear tu presentación, existen cinco elementos críticos para lograr el éxito que pueden recordarse con facilidad mediante la fórmula **LÍDER** :

> **L**enguaje fácilmente comprensible
> **I**lustraciones y ejemplos
> **D**etalla la organización de tu presentación
> **E**specifica el alcance de tu presentación
> **R**esume tus ideas

Lenguaje fácilmente comprensible

No supongas que tus oyentes están familiarizados con la jerga, abreviaturas o argot de tu industria o empresa. No se lleva gran cantidad de tiempo definir términos con brevedad durante la presentación. Si nos comprometemos a utilizar palabras reales, en lugar de abreviaturas o acrónimos, estaremos seguros de que todos nuestros oyentes comprendan nuestro mensaje.

Ilustraciones y ejemplos

Las presentaciones informativas suelen tener una pesada carga de datos y cifras, lo que realmente puede poner a prueba la capacidad de atención de nuestros oyentes. Si utilizas un ejemplo de la vida real, una narración pertinente o una diapositiva de PowerPoint con fotografías o tablas, interrumpirás la monotonía e interesarás a tus oyentes.

Detalla la organización de tu presentación

Todos hemos tenido que escuchar a presentadores que no pensaron ni organizaron su material de manera detallada, de modo que brincan de un punto a otro sin ton ni son, lo que deja al público confuso y poco interesado. Tómate el tiempo para organizar tu material de manera detallada, para que sea lógico y fácil de comprender.

Especifica el alcance de tu presentación

A menos de que estés llevando a cabo una sesión de capacitación en la que quizá sean necesarias instrucciones detalladas, la mayoría de tus oyentes no necesitará todos los datos y cifras, sino sólo aquellos pertinentes para ellos. Aquí el desafío es encontrar una manera de concretar el tema de la presentación para que les des a tus oyentes la información que necesitan, y no más, dentro del tiempo que tienes asignado.

Resume tus ideas

Finaliza tu presentación dando un resumen de los puntos sobresalientes; en especial de los desenlaces deseados. Esto les dejará a tus oyentes una impresión final clara y memorable. Si vas a continuar con una sesión de preguntas y respuestas, no olvides repetir tu resumen después de la misma.

> *Muchas presentaciones no logran ser claras porque el orador está empeñado en obtener el récord mundial por el material que logre abarcar en el tiempo asignado.*
> DALE CARNEGIE

Estructura de la presentación

Una presentación innovadora mantendrá a tus oyentes intrigados, pero lo mejor es guardarse la innovación para el tema del que estás hablando. En términos de cómo ofrecer nuestra presentación, seguir una estructura tradicional ayudará a garantizar el éxito.

Introducción: declaración del tema

La introducción, en la que especificaremos el tema del que hablaremos, debe ser breve y clara. No debe dejar duda alguna en la mente de nuestros oyentes en cuanto al tema del que tratará la presentación. Esto es especialmente necesario cuando la presentación forme parte de una serie más larga de ponencias, como en una reunión de personal o en una sesión de capacitación que abarque el día entero.

Indica el mensaje clave: el desenlace deseado

La declaración del mensaje clave debe darle al público una imagen clara del mensaje principal de tu presentación. Es simple, directa y les anuncia a tus oyentes a dónde te estás dirigiendo con la información. Debe responder la siguiente pregunta en la mente de tu público: "¿Por qué debería escuchar esta presentación?"

Presenta los puntos clave y los resultados esperados

Debes seguir la declaración del mensaje principal con los puntos clave que deseas comunicar y con los resultados esperados en un lenguaje directo. En general, mientras menos palabras, mejor será la manera en que especifiques tus puntos y resultados esperados. Con el fin de enfatizar el mensaje principal de nuestra presentación informativa, debemos replantear el mensaje clave o el desenlace deseado de nuestra presentación. Esto les dejará a nuestros oyentes un mensaje que recordarán largo tiempo después.

Tipos de evidencia

Una vez que le hayamos dicho a nuestro público qué es lo que queremos comunicar, debemos presentarle la evidencia que lo sustente. Hay distintas formas de evidencia que se pueden utilizar. Es posible identificar varios tipos:

- Demostraciones
- Ejemplos
- Hechos
- Elementos probatorios
- Analogías
- Testimonios
- Estadísticas

Nuestras presentaciones serán más interesantes y persuasivas si utilizamos una variedad de tipos de evidencia que sustenten el mensaje.

Conclusión

Vuelve a expresar tu mensaje clave. Reitera lo que deseas que hagan los participantes:

- Tomar medidas específicas
- Practicar una nueva técnica
- Preparar un plan para implementar los puntos que se discutieron
- Capacitar a sus subordinados en las áreas que abarcó la presentación
- Otras medidas pertinentes

Cuando concluyas, agradece a los miembros del público por su atención y compromiso.

Piensa como los hombres sabios,
pero habla como la gente común.
ARISTÓTELES

Uso de apoyos visuales para reforzar tu mensaje

Las presentaciones son más interesantes y atractivas cuando encontramos formas de utilizar apoyos visuales para hacernos entender. Convertir los datos en una gráfica o tabla hace que nuestro mensaje se comprenda de manera más rápida y fácil. Los diagramas y fotografías llaman la atención de nuestros oyentes. Considera utilizar materiales impresos para hacer accesible la información después de la presentación.

Los materiales visuales también pueden utilizarse en las comunicaciones uno a uno. Cuando se encontraba capacitando a su equipo en el manejo de reclamaciones de seguros, Joan encontró que el proceso se comprendía con mucha más facilidad si dibujaba un diagrama de flujo mientras lo explicaba. A medida que describía cada fase la esquematizaba dibujando recuadros para cada paso y flechas que mostraban el movimiento de un paso al siguiente.

Por amarga experiencia, Steve se percató de que no bastaba con explicarles a sus empleados cómo debían hacer su trabajo. A menos de que llevara al personal nuevo de sitio en sitio dentro de la bodega, se les dificultaba comprender lo que les estaba tratando de especificar. Éste era un esfuerzo de lo más laborioso. Simplificó la capacitación al diseñar un modelo de los almacenes con el que pudiera orientar a su equipo mientras les indicaba el trabajo que estarían haciendo.

Muchos ejecutivos cuentan con rotafolios o pizarrones en sus oficinas para que, de esa manera, puedan utilizar medios visuales y enriquecer sus comunicaciones verbales. Al ilustrar los temas con tablas, gráficas, diagramas o bosquejos, lo que se presenta se hace de manera mucho más eficaz. Las personas tienden a aprender un tema con mayor velocidad y a recordarlo por mayor tiempo cuando lo que escuchan se potencia por medio de imágenes visuales.

Uno de los profesores más populares en la Escuela de Periodismo de la Universidad de Siracusa también era caricaturista. Mientras daba cátedra, dibujaba caricaturas y cartones. Sus colegas se burlaban de sus prácticas y consideraban que estaba siendo poco profesional. "Sólo está divirtiendo a sus alumnos, no instruyéndolos", afirmaban. Y sí, sus alumnos se divertían, pero también absorbían mucha más información de la que hubieran obtenido sólo de lo que les decía. Años después, sus alumnos seguían recordando sus clases.

Existen diversas formas de ayudas visuales. Entre ellas se encuentran:

- Tablas
- Gráficas
- Fotografías
- Diagramas
- Impresos
- Modelos funcionales
- Videos

Formatos de presentación para las ayudas visuales

El formato que utilicemos dependerá del tipo de material y del tamaño del público. Para grupos de menor tamaño, las tablas, gráficas, diagramas y elementos similares pueden colocarse en las paredes de la habitación o mostrarse sobre un caballete. Los videos pueden proyectarse en una pantalla pequeña o en computadora o laptop. En los casos en que sea apropiado, también pueden utilizarse pizarrones.

Para grupos de mayor tamaño las tablas, gráficas, fotografías y materiales relacionados pueden mostrarse como diapositivas de PowerPoint. Los videos o diapositivas pueden proyectarse sobre una pantalla de gran tamaño. La mejor opción para tablas, estadísticas y gráficas donde se muestren grandes conjuntos de cifras es a través de impresos que se distribuyan a cada asistente.

Cómo pedir retroalimentación

Los profesionales de los negocios buscan formas de obtener retroalimentación relacionada con la claridad y pertinencia de sus presentaciones informativas. Los medios a través de los que podemos recibir dicha retroalimentación incluyen los siguientes:

Lleva a cabo una sesión de preguntas y respuestas

Las preguntas que te plantee el público te indicarán si tu mensaje fue claro. Es la manera más inmediata de obtener retroalimentación de nuestros oyentes. Si hay preguntas que indican una falta de claridad, podemos aprovechar esa oportunidad para volver a explicar el punto y, quizá, ofrecer evidencia adicional que sustente nuestro mensaje.

Realiza un seguimiento por medio de una encuesta

Las encuestas se pueden distribuir al final de la presentación o llevarse a cabo como parte de un seguimiento. Las encuestas por correo electrónico dan tiempo para que los participantes procesen la presentación antes de valorar nuestro mensaje.

Pide una evaluación detallada

Antes de la presentación pregúntales a personas específicas si estarían dispuestas a darte retroalimentación al final. Diles cuáles son tus metas para la presentación y las habilidades que estás tratando de mejorar. Pídeles sugerencias para que el mensaje sea más fácil de comprender, y consejos sobre la forma en que puedes mejorar tu desempeño en presentaciones futuras. Al considerar sus respuestas busca las sugerencias que se puedan expresar de manera visual, ya sea con tablas o con gráficas.

Comprueba los conocimientos

"Someter a prueba" al público para determinar si comunicamos nuestro mensaje de manera exitosa puede lograrse de diversas maneras. Una es haciéndoles preguntas al final de la presentación para ver lo bien que recuerdan la información clave. Otra es por medio de la creación de una prueba que evalúe la retención del mensaje por parte de nuestros oyentes. Otras formas incluyen llamadas telefónicas o correos electrónicos de seguimiento.

Presentaciones para obtener información

En lugar de dar una presentación para comunicar información, hay veces en que el objetivo es obtenerla. Para que resulte eficaz, el abordaje a este tipo de presentación es algo distinto.

Conoce a tu público

Cuando planees una presentación para obtener información, considera a las personas que deseas que hagan aportaciones. Averigua lo más que puedas acerca de los miembros de tu público, en especial dentro de las siguientes áreas:

- **Conocimiento del tema:** con el fin de obtener información, típicamente incluiremos participantes que tengan un conocimiento exhaustivo del tema. Sin embargo, habrá ocasiones en que deseemos contar con un público que tenga poca o ninguna experiencia, como en el caso de grupos de enfoque o en investigaciones de mercado.
- **Experiencia anterior con el tema:** ¿tu público incluye individuos que tengan un rango de experiencia relacionado con el tema? En ese caso, ¿cómo es que han reaccionado; de manera positiva o negativa? ¿Cuál es el alcance de su experiencia?
- **Nivel de participación necesario para la reunión:** si estamos buscando aportaciones informadas, es posible que necesitemos pedirles a nuestros participantes que lleven a cabo algo de trabajo antes de la reunión. Considera lo que podrían necesitar llevar con ellos en términos de documentación, tareas, investigación o planeación.
- **Sesgos individuales relacionados con el tema:** ¿estás al tanto de cualquier tipo de sesgo a favor o en contra del tema? ¿El público incluye individuos que defienden el tema o que sienten antagonismo hacia algún aspecto del mismo?
- **Actitudes de imparcialidad y cooperación:** haz una revisión de los individuos que participarán en la presentación. ¿Incluye a personas dispuestas a hacer un intercambio de ideas y opiniones? ¿Hay participantes que estén reacios a hablar de manera franca? ¿El público cooperará con el plan de acción y su propósito?
- **Nivel de detalle que prefieren los participantes:** existen públicos que sólo desean conocer las generalidades del tema a discutir. Otros necesitan mayores detalles antes de que estén dispuestos a expresarse. Considera preparar distintos niveles de detalle, desde amplio a

específico, que puedas llevar a la discusión según sea necesario.

- **Evidencia de respaldo:** debemos estar preparados para presentar evidencia básica dentro de nuestra presentación y contar con evidencia adicional disponible para responder a preguntas y peticiones de clarificación.
- **Expectativas de nuestros oyentes:** para sacar el máximo de participación de nuestro público, es indispensable que sepamos qué es lo que desean obtener de nosotros. Es probable que algunas de sus expectativas incluyan:
  - Un plan de acción organizado
  - Un claro entendimiento en cuanto a los beneficios que les brindará expresar sus ideas
  - Una clara comprensión de nuestra finalidad
  - Facilitación concisa de la presentación
  - Un facilitador que controle y centre la discusión

Planeación de la presentación

Las presentaciones para obtener información se utilizan cuando nuestra meta primordial es plantear un tema frente a un grupo para que exprese sus sugerencias y opiniones de manera abierta. Mientras más claridad tenga la presentación del tema a debatir, más centrada será la información que obtengamos de nuestros oyentes.

Presentaciones típicas para obtener información incluyen:

- Sesiones de lluvias de ideas
- Grupos de enfoque
- Reuniones de análisis de procesos
- Reuniones de solución de problemas
- Sesiones de planeación estratégica

La planeación de las presentaciones para obtener información es distinta a la de las presentaciones que tienen como fin ofrecer información o convencer de algo a los oyentes. Existen consideraciones adicionales que debemos tomar en cuenta cuando les pedimos a nuestros oyentes que expresen sus ideas. Algunas de estas consideraciones incluyen:

- **Posible resistencia a la sinceridad:** algunos individuos se resisten a compartir sus ideas u opiniones. Las razones para esto pueden variar desde una falta de confianza en sus propias ideas o en su capacidad para expresarlas, falta de experiencia con el tema a discutir, o simples cuestiones de personalidad. También debemos tener en mente que en un entorno corporativo los miembros del personal podrían mostrarse renuentes a expresar su insatisfacción con la organización o con la forma en que se hacen ciertas cosas. Es posible que desees asegurarles a tus oyentes que su franqueza no dará por resultado ningún tipo de represalia.
- **Falta de interés en el tema:** nuestros participantes, al igual que nosotros, están ocupados con sus diversas prioridades. Es posible que el tema que les estemos planteando no parezca pertinente o apremiante para algunos, lo que derivará en una falta de interés y participación.
- **Participantes no preparados:** lo ideal es que informemos de antemano a nuestros participantes cuál será la discusión y que les pidamos que vengan preparados con ejemplos, experiencias e investigaciones. En ocasiones, nuestro público se tomará la molestia de hacerlo, pero a veces acudirá a la reunión con poca o ninguna preparación previa. Debemos estar listos para resumir el tema para quienes no estén preparados.

Cuatro pasos para la planeación de análisis

Para ayudarnos a preparar nuestra presentación debemos determinar:

1. ¿Cuál es la situación actual en relación con el tema? ¿El tema es un asunto crítico para este público? ¿Qué experiencia han tenido con el tema a debatir? ¿Existe alguna situación que haya sucedido y tenga probabilidades de afectar las aportaciones que hagan?
2. ¿A qué retos se están enfrentando los miembros del público? Si el tema es uno que ha creado preocupaciones para los oyentes, ¿cuáles son? Encuentra ejemplos de las mismas antes de la presentación y prepárate para que puedas responderlas de manera apropiada.
3. ¿Qué es lo que los oyentes consideran importante o trivial en relación con este tema? Antes de tu presentación habla con un grupo selecto de participantes para que veas qué sienten acerca del tema en discusión. Si vas a dar la misma presentación ante varios públicos diferentes, será de esperar que el tema sea más importante para algunas personas que para otras.
4. ¿Cómo se beneficiarán los miembros del público si logras persuadirlos de que expresen sus ideas y opiniones? Es fácil para los oyentes mantenerse al margen, esperar que la discusión llegue a su término y aportar poco o nada. Piensa en algunas razones apremiantes por las que les convenga compartir sus ideas y así obtener un desenlace favorable a partir de la discusión.

Estructura de la presentación

Las presentaciones para obtener información deben estructurarse como sigue:

1. Planteamiento del tema a discutir
2. Descripción de soluciones posibles, con las ventajas y desventajas de cada solución
3. Preguntas para explorar si existen soluciones adicionales que debieran tomarse en cuenta
4. Abrir la presentación a una discusión de las soluciones propuestas
5. Cierre

Muestra de presentación para obtener información

El siguiente es un breve ejemplo de "guion" para una presentación que tiene por objeto obtener información.

Introducción: planteamiento del tema a debatir

—Como ya sabe la mayoría, durante los próximos dos meses se llevará a cabo la remodelación de nuestras oficinas, lo que significa que tendremos que trasladarnos a un lugar temporal durante varias semanas. Queremos sus aportaciones en cuanto a la mejor manera de lograr que este proceso sea eficiente, mientras seguimos brindándoles el mejor servicio a nuestros clientes.

Soluciones posibles con ventajas y desventajas

—Estamos considerando dos maneras posibles de llevar a cabo el traslado. La primera que se está proponiendo es que trasladamos los departamentos de administración, finanzas y recursos humanos a las instalaciones manufactureras por dos meses.

"La ventaja de esta solución es que todos estaremos cerca los unos de los otros y nos podremos comunicar con facilidad al estar bajo un mismo techo.

"Las desventajas son que el espacio es muy limitado, por lo que estaríamos algo apretados.

"La segunda propuesta es mudar las operaciones a una oficina virtual durante los próximos dos meses y hacer que todos trabajemos desde casa lo más que sea posible.

"Las ventajas de esta solución son que no tendríamos que mudar el mobiliario en dos ocasiones diferentes y que los empleados que viven muy lejos de las instalaciones manufactureras no tendrían que transportarse hasta allá.

"Las desventajas son que de todos modos tendríamos que venir a la oficina cada miércoles para llevar a cabo la teleconferencia semanal con las oficinas de Barcelona y tendríamos que venir en transporte público o pedir que alguien nos trajera, ya que los constructores tendrán ocupado todo el estacionamiento."

Busca soluciones adicionales

—¿Hay alguien que quiera hacer alguna sugerencia adicional?

Inicia la discusión de las soluciones

Haz un breve resumen de las opciones presentadas y abre la discusión de las soluciones que se hayan propuesto.

—Ahora, iniciemos la discusión y escuchemos todas las distintas opiniones.

Para formas adicionales de obtener ideas creativas, vuelve a leer el material relacionado con creatividad e innovación que se presentó en el capítulo 4.

Conclusión o cierre

—Agradezco muchísimo todas sus excelentes ideas. Les enviaré un resumen de las mismas por correo electrónico y les dejaré saber cuáles son nuestros siguientes pasos.

El lado humano de obtener información

Cada individuo trae consigo distintas actitudes a las presentaciones en las que se le pide participar. Algunas personas sostienen opiniones muy definidas acerca de cada tema; otras tienen poco o nada que opinar y se mantienen más bien al margen. A algunos individuos les fascina compartir sus ideas, mientras que otros prefieren no decir gran cosa. El papel del presentador es recordar la diversidad de participantes y alentarlos a contribuir por medio del uso de las buenas relaciones humanas.

Ten en mente los siguientes principios de *Cómo ganar amigos e influir sobre las personas* cuando lleves a cabo presentaciones para obtener información:

No critiques, condenes, ni te quejes.

- **Nada acaba con la participación más rápido que las críticas o la ridiculización.** Los participantes no tardarán en darse cuenta de que mantener la boca cerrada es una manera fácil de evitar la censura.
- **Ofrece tu agradecimiento honesto y sincero.** Cuando los participantes oyen que le damos las gracias a otra persona dentro del grupo, se percatan de que sus contribuciones se notarán, se reconocerán y se valorarán. Esto alienta una mayor participación y un libre intercambio de ideas y opiniones.
- **Haz que tu público se sienta importante.** A los miembros del público les agrada sentir que tienen contribuciones valiosas e importantes que aportar. Una de las

mejores maneras de alentar la participación es hacer que todo el mundo sienta que cuenta, independientemente del lugar que ocupen en la jerarquía de la organización.

- **Haz un esfuerzo sincero por tratar de ver las cosas desde el punto de vista de tus oyentes.** Nuestro éxito en dirigir este tipo de presentación dependerá, hasta cierto grado, de nuestra capacidad para convencer a los miembros del público de que estamos abiertos a muchas distintas perspectivas y que comprendemos el punto de vista de todos los involucrados respecto al tema.

- **Muestra respeto por la opinión de cada persona.** Jamás digas: "Estás mal". Uno de los aspectos más desafiantes de llevar a cabo este tipo de presentación es no compartir nuestras propias opiniones y permitir que las personas con las que discrepamos expresen su punto de vista con total libertad.

- **Ofrécele a cada persona que contribuya una excelente reputación que tenga que honrar.** En este tipo de presentación tenemos la responsabilidad de permitir que cada uno de los oyentes sea genuino y ofrezca su verdadera perspectiva. De lo contrario, sería innecesario obtener información por parte de ellos. Alentamos el intercambio libre de ideas y opiniones cuando nuestros oyentes saben de lleno que respetamos su excelente reputación.

Debemos percatarnos de cómo sonamos a los demás

Pocos de nosotros estamos conscientes de la manera en que sonamos cuando hablamos; no podemos oírnos a nosotros mismos de la misma manera en que nos oyen los demás. Un instructor en un curso de oratoria les pidió a sus alumnos que dieran una breve charla introductoria acerca de algo que realmente conocieran y quisieran compartir. Todos los estudiantes asumieron que se levantarían y ofrecerían una plática fluida e interesante.

¡Para nada! El profesor grabó sus presentaciones y después las reprodujo. Los estudiantes quedaron pasmados. Jamás se habían percatado de cómo sonaban.

La mayoría de las presentaciones estaban plagadas de lo que se conoce como *muletillas*; esos sonidos, palabras o frases adicionales como "emmm", "ahhh", "este" y "o sea" que utilizamos todo el tiempo cuando hablamos. Este tipo de muletillas le resulta de lo más molesto al público. Así también, la mala gramática, el uso de lugares comunes y pronunciar palabras de manera incorrecta disminuirá el impacto que tengas sobre tus oyentes. Es necesario que te grabes a ti mismo y que prestes atención a la presencia de palabras de relleno y lugares comunes para que elimines todas esas muletillas de tus patrones de discurso.

A continuación, algunos consejos sobre otros problemas comunes que experimentan los oradores, así como formas para resolverlos:

- **Mascullar**. Las personas que mascullan suelen comerse partes de sus palabras, de modo que resulta difícil descifrar lo que están tratando de decir. Este hábito puede superarse con facilidad. No hables con la boca a medio cerrar; abre tus labios por completo cuando lo hagas. Trata de practicar frente a un espejo y no tardarás en corregir el problema.
- **Hablar demasiado rápido o demasiado lento.** Muchos de nosotros tendemos a ir demasiado de prisa cuando hablamos en público. ¡Detente! Dales a tus oyentes la oportunidad de procesar lo que estás diciendo. Por el contrario, quizá seamos hablantes lentos, de esos que se tardan siglos. El público tratará de adelantarse y de

anticipar lo que cree que estás a punto de decir, y si continúas hablando con lentitud, empezará a quedarse dormido. Tienes que estar consciente de tu ritmo. Practica tu ponencia frente a algún amigo y trata de percatarte de la velocidad con la que estás hablando. Cronométrate; un buen ritmo es de entre 130 a 150 palabras por minuto. Además, no olvides disminuir tu velocidad cuando estés tratando de especificar algún punto y de acelerar tu ritmo para generar emoción.

- **Hablar en un solo tono.** Hablar de forma monótona también induce el sueño. Modula tu voz; varía el volumen, el tono y el ritmo.
- **Pararte como estatua.** Usa diferentes gestos para enfatizar tus puntos y para mantener interesados a tus oyentes.
- **Cometer errores de pronunciación.** Si no estás del todo seguro de la forma en que se pronuncia una palabra, averígualo. Si no sabemos cómo se dice el nombre de alguna persona, debemos preguntarle cómo se pronuncia.
- **No observar y reaccionar al público.** Si te das cuenta de que tu público se está inquietando, pausa, cambia el ritmo o menciona alguna anécdota interesante para volver a capturar su interés.
- **No escuchar al público.** Como mencionamos antes, no podemos escuchar cómo es que sonamos frente a los demás. Incluso los oradores más experimentados graban los ensayos de sus presentaciones o piden que las presentaciones mismas se graben para valorar su desempeño. Una vez que sepamos cuáles son nuestras debilidades como ponentes, podremos esforzarnos por corregirlas. Todavía más eficaz que una grabación de audio es un video de nuestras presentaciones. Es posible que quedemos sorprendidos ante la impresión que dan de nuestra postura, gestos y presencia en

general. Por medio de ese conocimiento podemos tomar medidas para corregir problemas importantes y ajustar pifias menos graves, con lo que mejoraremos nuestras presentaciones de manera significativa.

Síntesis y esencia

1. A medida que nos preparamos para avanzar en nuestra trayectoria profesional, deberíamos aprender a hablar de manera eficaz frente a grupos de personas.

2. Debemos aprender el enfoque paso a paso para hacer presentaciones con el fin de asegurarnos de que nuestros mensajes sean claros, que nuestro público permanezca interesado y que abarquemos todos los puntos pertinentes que deseemos comunicar.

3. Uno de nuestros retos principales será asegurarnos de que no estemos hablando a un nivel superior o inferior al de los conocimientos y experiencia de nuestro público. Asegúrate de averiguar lo más que te sea posible acerca de tus oyentes antes de que planees tu ponencia.

4. Durante la planeación existen cinco elementos críticos para alcanzar el éxito, que pueden recordarse con facilidad mediante la fórmula LÍDER:
   Lenguaje fácilmente comprensible
   Ilustraciones y ejemplos
   Detalla la organización de tu presentación
   Especifica el alcance de tu presentación
   Resume tus ideas

5. Estructura la presentación:
   - Introducción: declaración del tema.
   - Indica el mensaje clave: el desenlace deseado.
   - Presenta los puntos clave y los resultados esperados.
   - Sustenta por medio de evidencia.
   - Concluye con un replanteamiento del mensaje y reitera lo que quieres que hagan los participantes.

6. Utiliza apoyos visuales para reforzar tu mensaje. Las tablas, gráficas y elementos similares pueden pegarse en las paredes de la habitación o colocarse sobre un caballete. Puedes mostrar videos en una pequeña pantalla de televisión. Considera crear una presentación

de PowerPoint que pueda exhibirse en una pantalla de mayor tamaño.

7. La mejor manera de presentar tablas, estadísticas y gráficas de grandes conjuntos de cifras es por medio de impresos que se distribuyan a los oyentes.

8. Las presentaciones para obtener información asumen la forma de:
   - Sesiones de lluvias de ideas
   - Grupos de enfoque
   - Reuniones de análisis de procesos
   - Reuniones de solución de problemas
   - Sesiones de planeación estratégica

9. Cuando busques obtener información de tu público, jamás critiques la contribución de ninguno de los participantes. Agradece a cada persona por sus ideas.

10. Si grabas tus ensayos o presentaciones reales, puedes escucharte y determinar la impresión que das a tus oyentes. Mantente atento a la mala gramática, las muletillas, los lugares comunes, los errores de pronunciación y otras pifias. Las grabaciones de video te mostrarán si necesitas alterar tus gestos y si tu proceder resulta atractivo y apropiado.

CAPÍTULO 6

CÓMO POTENCIAR NUESTRAS HABILIDADES PARA ESCRIBIR

En el capítulo anterior discutimos cómo hacer presentaciones orales. Sin embargo, es frecuente que se nos pida que plasmemos nuestras ideas por escrito. Lo que redactamos puede ser en forma de cartas que enviamos a nuestros clientes, proveedores u otros; memos o notas que les enviamos a nuestros asociados, supervisores o a otras personas dentro de la empresa; o correos electrónicos y demás medios similares.

La comunicación escrita, sin importar la forma en que se lleve a cabo, puede representar un papel significativo en la forma en que nos perciben nuestros gerentes, y puede influir sobre sus decisiones respecto a nuestra trayectoria profesional. Dado que cualquiera de las cosas que escribamos puede volver a revisarse —incluso meses o años después de que la hayamos escrito— es, en cierto sentido, una parte permanente de nuestra marca personal.

Sea que lo que escribamos se trate de una carta, un memo o un correo electrónico, debemos tener sumo cuidado en cuanto a la forma en que la comunicación se planea, compone, escribe y distribuye. Este capítulo sugiere maneras de potenciar tus habilidades de redacción para que cualquier cosa que escribas dé una buena imagen de ti.

Preparación del mensaje

Ningún documento o comunicación escrita que enviemos debe llevarse a cabo sin una planeación cuidadosa. A continuación encontrarás algunas pautas que te ayudarán a minimizar errores y a maximizar tu oportunidad de hacer que tu mensaje se convierta en un factor positivo dentro de tus esfuerzos por avanzar.

Las tres C

Una vez que hayas meditado tu mensaje a fondo, debes empezar a formular la manera en que lo escribirás. Ten en mente las tres C de la buena comunicación. Cualquier cosa que escribas debe ser:

- Clara: fácil de leer y de comprender.
- Completa: debe ofrecer toda la información que deseemos comunicar.
- Concisa: debe ser breve y puntual.

Por ejemplo, si estamos escribiendo un memo relacionado con el estado de algún pedido, incluye el número de orden, la fecha en que se hizo, identifica los materiales y ofrece cualquier información pertinente adicional. Asegúrate de responder a cualquier pregunta de manera específica. Evita incluir detalles intrascendentes que puedan distraer o aburrir a tu lector.

> *La disciplina de plasmar algo por escrito*
> *es el primer paso hacia lograr que suceda.*
> Lee Iacocca

Auxiliares para la claridad

Una de las metas de la buena redacción empresarial es ser lo
más claro posible. Mantente alejado de las oraciones complejas y del uso de fraseología extravagante. Procura que tus
comunicaciones sean tan breves como sea posible. Especifica
lo que deseas comunicar de la siguiente manera:

- Utiliza encabezados en negritas.
- Escribe secciones distintas para cada subtema.
- Destaca los puntos importantes con cursivas o en un
  tipo de letra distinto. Si el mensaje está impreso, destaca las partes más importantes con un marcador o
  rotulador fluorescente. En caso de que tu mensaje se
  envíe por medios electrónicos, utiliza un color distinto de fondo o cambia el color de la tipografía.
- Utiliza tablas, gráficas u otros apoyos visuales para
  incrementar el impacto de tus palabras.

Revisa tu documento

Lo que sale con tu nombre refleja la persona que eres. Incluso
si llevaste a cabo una revisión ortográfica de tu comunicado,
vuelve a leerlo en busca de errores. Las características de revisión ortográfica de los programas de procesamiento de
textos son una gran ayuda, ya que detectan la mayoría de los
"errores de dedo" y faltas de ortografía, pero no son infalibles.
Por ejemplo, el verificador ortográfico no nos dejará saber que
escribimos "el calor del servicio" en lugar de "el valor del
servicio". Una buena manera de cerciorarnos de que no existen errores u omisiones en lo que escribimos es leer nuestro
comunicado en voz alta. Esta técnica sirve para identificar
problemas que nuestros ojos no necesariamente detectan.

No es necesario que lo que escribas sea formal

Hace tiempo, era posible que una carta de negocios se expresara de la siguiente manera: "De conformidad con el comunicado telefónico de la fecha antes referida, se adjuntan las facturas referentes a las labores que se llevaron a cabo durante el mes recién concluido del año en curso". Suena de lo más rebuscado, ¿no crees? Sí, era un lenguaje muy afectado. Es poco probable que escribamos algo así en la actualidad, pero de todos modos suele ser común que seamos demasiado formales en nuestras comunicaciones.

Muchos creemos que debemos ser más formales cuando plasmamos nuestras ideas por escrito que cuando nos comunicamos de manera hablada, por lo que utilizamos un lenguaje poco natural en cartas y comunicados de negocios. Este tipo de lenguaje formal puede percibirse como artificial y, a menudo, como poco sincero. Nuestro mensaje será más claro y se aceptará con mayor facilidad si escribimos de la misma manera en que hablamos. La oración anterior hubiera sido mucho más clara si se hubiera escrito así:

"Como te lo prometí cuando hablamos por teléfono, te adjunto las facturas relacionadas con el trabajo que terminamos el mes pasado." Por otro lado, la facilidad y rapidez con la que podemos enviar mensajes electrónicos ha llevado a un aumento del tipo opuesto de escritura; un lenguaje que resulta excesivamente informal. Queremos escribir de la manera en que hablamos (de manera fluida y casual), pero tampoco queremos que nuestro mensaje parezca incorrecto.

Habla tus ideas sobre el papel

Cuando escribimos con propósitos de negocios, algunos quedamos atrapados en una red de formalidad innecesaria. Si ésta es tu experiencia, puedes evitar ese hábito si imaginas que estás hablando cara a cara o por teléfono con la persona que leerá tu comunicación.

Las siguientes secciones ofrecen algunas sugerencias para lograr que lo que escribas suene más como lo dirías.

Platica tus ideas por escrito

Escribe con el vocabulario, tono, expresiones idiomáticas y términos que utilizas de manera habitual. Normalmente, no dirías: "Hago de su conocimiento que, a causa de las inundaciones recientes, su cargamento se verá retrasado hasta la semana siguiente". Mejor ve directamente a tu mensaje: "Debido a las inundaciones, el cargamento no se enviará sino hasta la semana que viene".

No utilices preciosismos

Los preciosismos se refieren a un estilo exageradamente florido de lenguaje. En lugar de escribir: "Mi muy apreciado y excelentísimo Señor Doctor Don Joaquín González y González", simplemente di: "Estimado Dr. González". Lo anterior suena pomposo y es innecesario en esta época.

Atrae a tus lectores

Las conversaciones orales no son unidireccionales. Primero habla una persona, y después la otra hace comentarios o plantea preguntas. Al incluir preguntas o al personalizar nuestras comunicaciones de otras maneras centramos la atención de nuestros lectores sobre la pertinencia de nuestro mensaje. Por ejemplo, en lugar de escribir: "Tenemos la posibilidad de personalizar nuestro producto para que satisfaga sus necesidades", pregunta: "¿Cómo podemos personalizar este producto para que satisfaga sus necesidades?" Esto obliga al lector a meditar la manera en que tu mensaje tiene importancia para él.

Personaliza tu carta

Cuando hablamos, utilizamos los pronombres *yo*, *nosotros* y *tú* o *usted* todo el tiempo, pero al momento de escribir cartas de negocios nos volvemos de lo más formales. En lugar de utilizar pronombres tendemos a utilizar frases como: "Debe asumirse…", "Se recomienda…" o enunciados tales como: "Se llevará a cabo una investigación después de la cual se le harán llegar las conclusiones de la misma a su organización". ¿Por qué no ser claros y decir: "Estamos investigando el tema y una vez que terminemos, le comunicaremos la conclusión"?

Una forma muy eficaz de personalizar una carta es utilizar el nombre del destinatario dentro del texto. Si tienes amistad con la persona, usa su nombre de pila; si sólo son conocidos de negocios, utiliza su apellido. En lugar de escribir: "Eso derivará en un aumento en las cifras comerciales", escribe: "Juan, (o Sr. Pérez), eso producirá mayores ventas en tu (su) territorio".

Es necesario que les demos un toque humano a nuestras cartas y que hagamos nuestro mayor esfuerzo por expresarnos de manera natural. Sé cortés, educado y muestra tu interés. Un estilo amistoso resultará agradable, mientras que un tono frío podría resultar antipático.

Evita utilizar clichés empresariales

Otra manera de mantener un tono amistoso en lo que escribes es evitar los lugares comunes que se utilizan en los negocios.

En lugar de escribir	Escribe
En una fecha posterior	Más tarde
Al momento presente	Ahora

En lugar de escribir	Escribe
A pesar del hecho de que	Aunque
Por espacio de un año	Por un año
De conformidad con su petición	Como lo solicitaron
En fechas próximas	Pronto (o en mayo)
Es de la opinión de	Creemos
Se llevó a cabo un ajuste	Ajustamos
El abajo firmante	Yo
Adjunto a la presente	Adjunto
No nos encontramos en una posición en la que	No podemos
A excepción de	Excepto por

Evita enunciados complejos

Las oraciones breves (de 20 palabras o menos) son más fáciles de leer y procesar. Limita cada oración a una sola idea. También resulta útil usar palabras cortas, más que largas. Por supuesto, cuando estés escribiendo material técnico para personas capacitadas, el lenguaje técnico es más que apropiado, pero cuando les escribas a personas que no tienen un entrenamiento formal, evita utilizar un lenguaje o jerga que es casi seguro que no puedan comprender.

> *Simplifica tu plan a lo escrito. En el momento en que lo hagas le habrás dado forma concreta al deseo intangible.*
> NAPOLEON HILL

Haz que tu correspondencia sea memorable

Cuando leemos, nuestra mente procesa las palabras de la misma forma en que procesa las palabras que escucha. Podemos hacer que nuestras palabras (y nuestras comunicaciones empresariales) sean mucho más eficaces si las potenciamos con ayudas visuales.

Usa gráficas

La mayoría de las personas prefiere estudiar una gráfica o tabla que leer líneas interminables de cifras. Si te tomas un momento breve para comunicar tu información en un formato gráfico, tus memos e informes tendrán un impacto mucho mayor. Si puedes utilizar dibujos, fotografías u otras imágenes visuales, tus cartas o memos cobrarán vida. Para aquellas personas a las que les agradan las cifras, puedes incluirlas como datos adicionales.

Existen diversos programas disponibles que con facilidad pueden convertir tus datos en distintos formatos de gráficas o tablas. Además, si los presentas a color, aumentarás su impacto todavía más.

Ilustra tu mensaje

Cuando te sea imposible utilizar gráficas, usa relatos y anécdotas que sirvan como ejemplos en lo que escribas. Una historia le permite al lector imaginarse lo que estamos comunicando de manera vívida.

Analicemos dos memos acerca de la rotación de personal: "La rotación de personal del departamento de envíos ha ocasionado una carga de trabajo excesiva para el personal restante, lo que ha derivado en accidentes, faltas médicas por fatiga y un mayor número de renuncias. Esto ha llevado a que no se envíen los pedidos y a un mayor número de quejas por parte de los clientes". Esta descripción es bastante adecuada, pero veamos cómo podría comunicarse la misma información por medio de una breve historia. "Esta mañana caminé hasta el departamento de envíos. En lugar de que estuviera presente el equipo completo de diez personas, sólo asistieron seis. Estaban trabajando bajo una enorme presión para poder satisfacer los envíos. Ayer trabajaron más de diez horas y eso me fue evidente por el agotamiento que pude ver en sus rostros y por la manera en que estaban trabajando. Uno de los trabajadores estaba cojeando a causa de un pequeño accidente. Mientras estuve allí, hablaron tres clientes distintos quejándose de que no recibieron sus órdenes a tiempo".

El primer memo relata los hechos, mientras que el segundo permite que el lector visualice la situación. Por medio del uso de elementos visuales y de historias ilustrativas donde sea apropiado, nuestras comunicaciones serán más claras y convincentes.

Comunicación electrónica

Sin duda, la innovación más grande en el sector de las comunicaciones durante los últimos años ha sido el uso del internet como herramienta esencial para el envío y recepción de información.

Debemos prestarle la misma atención a la redacción de correos electrónicos, mensajes de texto, mensajes en redes sociales y demás comunicaciones electrónicas que le prestamos a la elaboración de cartas y memos tradicionales. Recuerda que el correo electrónico es una forma de comunicación escrita. Es más que un simple sustituto para una llamada telefónica y no debe hacerse sin más, o con poca consideración por el estilo o el contenido. A diferencia de una llamada telefónica, los mensajes electrónicos pueden guardarse para su posterior recuperación. No son "privados" y son admisibles como evidencia en los tribunales. Así, deben planearse y componerse con el debido cuidado.

Mejores mensajes electrónicos

Antes de redactar tu mensaje piensa con cuidado acerca de qué quieres escribir. Debes planearlo con el mismo esmero que utilizas cuando redactas una carta formal. Si estás dando instrucciones, asegúrate de que tu lector sepa exactamente qué es lo que le estás pidiendo que haga. Si estás respondiendo alguna consulta, tómate un momento para leerla con cuidado con el fin de asegurarte de que tengas toda la información necesaria para responder de manera adecuada al cuestionamiento que se te hizo.

Atrae la atención de tu lector

Muchos recibimos docenas o incluso cientos de mensajes electrónicos a diario. Para asegurarte de que tu mensaje se lea sin demora, escribe en el asunto algo que tenga significado para la persona a la que va dirigido el mensaje. Por ejemplo, en lugar de que indique "Re: tu correo del 25 de junio", utiliza la sección del asunto para especificar la información que proporcionarás en tu mensaje. Por ejemplo: "Cifras de ventas de junio".

Como ya sugerimos antes en relación con la elaboración de cartas y memos, debes utilizar las tres C (claro, completo y conciso) al componer correos electrónicos o mensajes en otros medios electrónicos.

Ten en cuenta que si vas a adjuntar archivos a tu correo debes especificar qué archivos estás adjuntando para que tu lector pueda verificar que le hayan llegado todos. En medios en los que no puedas incluir datos adjuntos, especifica el archivo o URL donde puedan encontrarse los documentos pertinentes.

Antes de pulsar "Enviar", vuelve a leer tu mensaje con cuidado y verifica la ortografía. Es una buena idea que lo leas en voz alta; algo que te ayuda a ver omisiones y otros tipos de errores. Asegúrate de que tu mensaje sea correcto en todos los sentidos antes de enviarlo. Un exceso de correos electrónicos puede dar por resultado que tu correo se ignore o se borre por equivocación. Pide al destinatario que te confirme de recibido. Si las cuestiones de que trata el correo son de mucha importancia, lleva a cabo un seguimiento telefónico para verificar que el mensaje se haya recibido y comprendido.

Asuntos de privacidad

Como mencionamos antes, los mensajes que se envíen por medios electrónicos no tienen garantía de privacidad. Los jáqueres que se dedican al allanamiento de sistemas altamente sofisticados no se limitan a los servidores de correos. Debemos asumir que cualquier cosa que enviemos por medios electrónicos está sujeta a interceptarse. Si requieres confidencialidad, los medios electrónicos pueden no ser el mejor método a utilizar.

Recuerda que otras personas de tu empresa podrán leer cualquier correo electrónico que envíes a través de las computadoras de la compañía donde labores. En años recientes ha habido casos en que se despidió a empleados que enviaron correos que violaban las reglas de sus empresas. Los tribunales de Estados Unidos han descartado los argumentos de violación de la privacidad que han planteado estos empleados.

Todavía más graves son los casos de empleados que, en sus comunicados, hicieron comentarios o chistes que se consideraron inapropiados. En cualquier ocasión en que utilicemos el servidor de nuestra empresa debemos suponer, sin más ni más, que el contenido de nuestros mensajes o búsquedas estará a disposición de cualquier persona de la compañía y, al final de cuentas, disponible para cualquiera. Jamás deben hacerse comentarios que puedan parecer inapropiados en términos sexuales o raciales. Nunca. Este tipo de mensajes se han utilizado como evidencia en demandas contra las empresas en las que trabajaban los empleados que los enviaron, incluso cuando la directiva de la misma no estaba enterada de dichos mensajes. Eso ha llevado al despido de los remitentes, así como a demandas tanto en contra de los remitentes individuales como de sus empresas.

Por último, siempre debes examinar a detalle los destinatarios de tus correos electrónicos. No querrás "Responder a todos" cuando lo que deseas decir se limita únicamente al individuo que te envió el mensaje original.

> *No reemplaces el contacto telefónico o personal con correos electrónicos. El contacto voz a voz o cara a cara con las personas con las que tratamos de manera habitual fortalece la relación personal que es tan importante para construir y mantener el* rapport.
>
> CHARLES WANG,
> anterior CEO de Computer Associates

Lo que debes y no debes hacer en los mensajes electrónicos

- *Debes* planear tus mensajes con cuidado.
- *Debes* mantener breves tus comunicaciones. Si necesitas enviar un mensaje electrónico mayor a varios párrafos, adviérteselo al receptor al tope del mensaje y empieza con un resumen.
- *Debes* escribir una descripción detallada en el asunto. Si haces que tu lector adivine de qué se trata el mensaje, es más que probable que piense que preferiría no leerlo.
- *Debes* mantener un tono profesional en cuanto al contenido y el estilo. Aunque la informalidad no tiene nada de malo, evita un exceso de puntuación y el abuso de abreviaturas, acrónimos, imágenes prediseñadas y formatos complicados. No utilices sólo mayúsculas que, en los medios electrónicos, se interpretan como gritos.

- *Debes* correr la función de corrección ortográfica para garantizar que estés usando la ortografía, gramática y puntuación correctas. Después de que lo hagas, vuelve a revisar el mensaje con cuidado para cerciorarte de que esté correcto en todos los sentidos.
- *Debes* informarles a tus destinatarios cuando tu mensaje no requiera de una contestación. Les ahorrará mucho tiempo y espacio a los dos.
- *Debes* leer y releer tus mensajes antes de apretar el botón de "Enviar".
- *Debes* usar viñetas en lugar de párrafos cuando el estilo lo permita. A menudo las viñetas hacen que los puntos esenciales sean más fáciles de leer y comprender.
- *Debes* responder lo más pronto que puedas a cualquier correo electrónico que recibas, en especial cuando se requiera de medidas inmediatas. La velocidad en la comunicación es la ventaja principal de este medio.
- *Debes* utilizar las opciones de CC: y CCO: de manera prudente y cuidadosa.
- *Debes* utilizar la función de "reenviar" con prudencia.
- *Debes* utilizar la función de "responder" libremente. Es una manera sencilla de crear un contexto para tu mensaje.
- *Debes* indicar si el mensaje que enviaste es sólo para informar al destinatario o si requiere de alguna medida o respuesta.
- *Debes* verificar si los mensajes importantes se recibieron pidiéndoles a los destinatarios que acusen de recibido, haciendo un seguimiento telefónico, o ambas.
- *Debes* pensarlo bien antes de pulsar el botón de "enviar". Mandar un correo electrónico que no esté bien pensado podría tener consecuencias indeseadas. En el caso de la correspondencia de negocios, cuídate de no exagerar o de ser gracioso, ya que tus intenciones podrían malinterpretarse.

- *No debes* responder a cualquier mensaje único más de dos veces, ya que se vuelve cada vez más difícil seguirle el hilo.
- *No debes* adjuntar archivos innecesarios.
- *No debes* utilizar el correo electrónico como forma para reemplazar el contacto personal o por teléfono. Es importante mantener las relaciones voz a voz y cara a cara con las personas con las que tratemos.
- *No debes* jugar videojuegos o enviar o responder cartas en cadena o distracciones similares durante los horarios de trabajo y en las computadoras de tu empresa.
- *No debes* descargar materiales pornográficos ni insultantes para cualquier grupo racial o étnico en el equipo de tu empresa. Recuerda que tus mensajes y búsquedas se encuentran accesibles para cualquiera y pueden resultar ofensivos a otras personas dentro de tu organización. Participar en este tipo de actividad podría derivar en situaciones vergonzosas y, quizá, en cargos penales de acoso sexual o racial.
- *No debes* propagar chismes o rumores a través de medios electrónicos; ya de por sí está mal que se repitan los chismes o rumores por vía telefónica o en persona, pero el correo electrónico expande de manera exponencial el número de personas que reciben dicha información.
- *No debes* enviar un mensaje a toda tu lista de contactos a menos que dicho mensaje sea pertinente para todas y cada una de esas personas.
- *No debes* enviar relatos o chistes groseros o subidos de color por medio del correo electrónico de tu empresa.

Cómo redactar informes que den en el blanco

A menudo una de las funciones más importantes de un gerente es rendirles informes a nuestros jefes o a otros gerentes dentro de la organización. Crear informes mal desarrollados, mal pensados y mal escritos limitará nuestro avance, de modo que es esencial que invirtamos un esfuerzo adicional en la preparación y redacción de este tipo de documentos.

Digamos que tu jefe te pidió que investigaras y rindieras un informe acerca de un nuevo paquete de software que la empresa está pensando adquirir. Un buen informe debe contener más que sólo la información básica. Debería permitirle al lector adquirir la información suficiente del tema para que pueda tomar cualquier decisión necesaria. Como se señaló en el caso de otras comunicaciones, debe cumplir con las tres C (claro, completo y conciso).

> *Para mí, la investigación es igual de importante o más que lo que escribo. Es la base sobre la que se construye cada libro.*
> LEON URIS

Preparación cuidadosa

1. **Define el problema o asunto del que tratará el informe.** Discute el objetivo del informe con el gerente que te lo haya asignado. Se han desperdiciado cantidades incontables de tiempo, esfuerzo y dinero por parte de personas que elaboraron informes sin saber lo que se necesitaba en realidad. Si no estamos del todo seguros de la forma en que se utilizará el informe, podríamos pasar más tiempo del necesario en los aspectos secundarios de la situación, en lugar de tratar con las áreas que de veras importan. En este informe relacionado con el nuevo programa de cómputo, lo que más nos preocupa son tres factores: aplicación del software en el telemercadeo, costo y disponibilidad del servicio técnico.

2. **Delega.** Si planeas delegar partes del informe a terceros, divide el proyecto en segmentos y asigna una sola persona a su investigación. Tu trabajo es coordinar y recopilar los hallazgos, además de hacer recomendaciones.

3. **Obtén todos los hechos.** Reúne toda la información que necesites. Por ejemplo, para este informe, nuestros delegados deberían platicar con las personas de la organización que utilizarán el software y averiguar lo que realmente quieren lograr por medio de su uso. Deben conseguir literatura pertinente al programa de cómputo, leer lo que dicen del mismo las publicaciones técnicas y hablar con personas de otras organizaciones que estén utilizando el producto. Deben buscar información con los representantes de ventas del proveedor, así como con los representantes de proveedores de software de la competencia. Obtén toda la información que puedas.

4. **Analiza los hechos.** Una vez que acumules la información necesaria, debes correlacionar y analizar los datos. Una de las formas de hacerlo es mediante un listado de las ventajas y desventajas del software bajo consideración, junto con listas adicionales de otros tipos de programas que también puedan resultar viables.

5. **Averigua cuál es el estilo que prefieren tus lectores.** El lenguaje y formato del informe deben personalizarse para la o las personas que podrían leerlo. Por ejemplo, un ingeniero que esté escribiendo un informe para los gerentes no expertos en tecnología debe tratar de expresarlo en un lenguaje que sea lo menos técnico posible. Si el uso de un lenguaje técnico es esencial para rendir el informe, el autor del mismo debe definir y aclarar el significado de los términos técnicos en la primera ocasión en que aparezcan dentro del informe. Además, es una buena idea averiguar qué es lo que el lector espera en términos del lenguaje, del detalle del contenido, del uso de gráficas y de otros aspectos semejantes.

Cuando escribas un informe destinado a tu jefe o a otro gerente con el que tengas tratos habituales, lo más probable es que sepas cómo construirlo; si no estás del todo seguro, revisa los informes que otras personas hayan llevado a cabo para darte una idea. Algunas de las cosas que debes considerar son:

- Si prefiere informes concisos y precisos, o grandes cantidades de detalles.
- Si prefiere gráficas o tablas en lugar de simples cifras estadísticas, o todas las anteriores.
- Si prefiere cifras redondeadas o cantidades exactas en dólares y centavos, información especial, o estilos que el lector mismo utilice en sus propios informes.

> *Escribir cristaliza el pensamiento*
> *y el pensamiento genera acción.*
> PAUL J. MEYER, consultor y autor

Redacción del informe

Aunque los informes de negocios no tienen un formato ideal, las pautas que siguen te ayudarán a garantizar que tu informe sea lo más claro y eficaz posible.

- **Propósito:** una buena manera de comenzar es indicando el propósito del informe. Por ejemplo: "Como me lo pediste en el memo relacionado con el programa de cómputo XYZ, aquí está la información necesaria para tomar una decisión en cuanto a la viabilidad de su uso en nuestra empresa".
- **Resumen y recomendaciones:** aunque algunos informes guardan el resumen para el final, muchos gerentes prefieren leer un resumen de nuestros hallazgos, junto con nuestras recomendaciones, al inicio. Así, pueden

averiguar los resultados de inmediato y leer los detalles cuando el tiempo se los permita.

- **Información detallada:** sigue tu informe con una narrativa organizada. Incluye los detalles que sustenten tu resumen y recomendaciones. Utiliza gráficas, tablas y listas de cifras si aclaran o refuerzan tus datos

- **Lenguaje:** mantén tu lenguaje claro y conciso. La variedad de fuentes y estilos disponibles en la gran mayoría de los programas de procesamiento de textos permiten rendir informes en formatos atractivos e interesantes. Aprovecha esta opción, pero mantente consciente de que quieres que tu presentación resulte atractiva y fácil de leer. Hay personas que exageran y utilizan tipos publicitarios y fuentes estrafalarias que pueden resultar tanto difíciles de leer como demasiado "lindas" para un informe de negocios.

- **Longitud:** un informe empresarial no tiene una longitud establecida. Debe ser lo bastante largo como para dar la historia completa y no contener ni una sola palabra más. Evita la repetición innecesaria; lo más seguro es que desees replantear tus conclusiones al final del informe pero, por lo demás, no debes exponer las mismas ideas en repetidas ocasiones.

- **Revisión**: antes de entregar tu informe, revísalo con sumo cuidado. Incluso un excelente informe perderá credibilidad si contiene errores de ortografía, malas construcciones gramaticales o si está escrito de manera desordenada. Debes revisar las cifras con mucho cuidado. Vuelve a leerlo y, si es posible, pide a uno o más de tus asociados que lo lean también. Después haz los cambios que sean necesarios y léelo una vez más para cerciorarte de que estés satisfecho.

Averigua cómo es que tu gerente quiere recibir el informe. Hay personas que lo prefieren impreso; otros como archivo adjunto de correo que más tarde puedan descargar, y otros en ambos formatos.

No les envíes copias del informe a otras personas de tu organización a menos que te lo pida tu jefe o la persona que te haya comisionado el informe. Salvo que se te ordene lo contrario, ten una copia del mismo en tu disco duro para que sea posible revisarlo o reproducirlo en caso necesario. Siempre guarda todo el material de investigación que utilizaste para elaborar tu informe, incluyendo los recursos que hayas investigado, pero que no hayas utilizado dentro del informe. Todos los datos que investigaste pueden ser de valor si te piden que amplíes lo que escribiste o si te hacen cuestionamientos relacionados con alguna situación que no incluiste en el informe.

Habrá ocasiones en que se nos pida que rindamos el informe de manera oral durante una junta. Si sigues las sugerencias relacionadas con las presentaciones informativas (ve el capítulo 5) mientras escribes tu informe, estarás más que preparado para dicha contingencia.

> *El buen sentido es tanto el principio fundamental como*
> *la fuente primordial de la buena escritura.*
> HORACIO

Síntesis y esencia

1. Todo lo que ponemos por escrito debe ser:
   * Claro: fácil de leer y comprender.
   * Completo: debe proporcionar toda la información que deseamos comunicar.
   * Conciso: debe ser breve y puntual.
2. Lo que sale con nuestro nombre es un reflejo de nosotros. Vuelve a leer en busca de errores. No dependas del corrector ortográfico para detectar todos los tipos de equivocaciones.
3. Evita utilizar un estilo exageradamente formal que pueda percibirse como artificial y, a menudo, poco sincero. Escribe de la misma manera en que hablas.
4. Una forma eficaz de personalizar una carta es por medio del uso del nombre del destinatario dentro del texto de la misma.
5. Los memos e informes tendrán un impacto mucho mayor si los datos se convierten a formatos gráficos.
6. Debemos prestar la misma atención a la redacción de correos electrónicos, mensajes de texto, mensajes en redes sociales y otras comunicaciones que le prestamos a la composición de cartas y memos más tradicionales.
7. Antes de componer tu mensaje piensa con cuidado qué es lo que deseas escribir. Planéalo con el mismo cuidado que utilizarías con una carta formal. Si vas a dar instrucciones, asegúrate de que tu lector sepa exactamente qué acciones le estás pidiendo que lleve a cabo. Si estás respondiendo a alguna consulta, asegúrate de reunir toda la información necesaria para responder la pregunta planteada de manera apropiada.
8. Repasa lo que debes y no debes hacer en los mensajes electrónicos. Sigue las pautas y capacita a tus subordinados para que aprendan y sigan esas mismas reglas.

9. Una de las funciones importantes de un gerente es rendir informes a sus jefes o a otros gerentes dentro de nuestra organización. Rendir informes mal escritos obstaculizará tu avance, de modo que resulta esencial que hagas un esfuerzo adicional al preparar y escribir estos documentos.

10. Los informes pueden rendirse en una variedad de formatos. Las pautas que siguen te ayudarán a estructurar tu informe:

    ◆ Especifica el propósito.
    ◆ Ofrece un resumen de la conclusión y tus recomendaciones.
    ◆ Sigue el informe con los detalles que lo sustenten y con tus recomendaciones. Utiliza gráficas, tablas y listas de cifras.

11. La longitud ideal del informe es aquella que se necesite para dar toda la información, sin una palabra más.

12. Revisa tu informe antes de entregarlo. Vuelve a verificar tus cifras y léelo de nuevo para garantizar que estés satisfecho con el mismo.

13. Averigua qué formato es el que prefiere tu supervisor o la persona que recibirá el informe y utilízalo. Algunos gerentes prefieren el informe impreso; otros prefieren un correo electrónico donde adjuntes el informe para que lo puedan descargar en sus equipos; otros prefieren ambos.

14. Siempre guarda el material de investigación que utilizaste para llevar a cabo tu informe, incluyendo el material que no hayas utilizado. Nuestra investigación puede ser de valor cuando se nos pida hacer un seguimiento de lo que encontramos.

CAPÍTULO 7

CÓMO ASCENDER DENTRO
DE NUESTRA EMPRESA

Podemos avanzar dentro de nuestra trayectoria profesional desde nuestra misma empresa, por medio de un empleo diferente en el mismo campo, o incluso por medio de un cambio profesional radical. En este capítulo examinaremos las oportunidades posibles dentro de la organización en la que laboramos. En capítulos posteriores analizaremos cuándo y cómo hacer otro tipo de cambio.

Nuestra situación actual

Nuestra primera decisión es determinar si es mejor quedarnos en la compañía en la que laboramos o si es mejor ir a otra. Nuestras oportunidades se verán determinadas por cuatro factores: la industria en la que trabajamos al momento presente, nuestra empresa, nuestro empleo y nuestra situación personal.

Nuestra industria

Si nuestra industria tiene limitaciones en cuanto a su potencial de crecimiento, tendrá un impacto sobre nuestro futuro. En términos esenciales, algunas industrias han desaparecido a causa de las innovaciones tecnológicas, mientras que otras quizá se hayan marchado del área en la que vivimos o, incluso, de nuestro país. Por ejemplo, la carrera de Sara estaba dedicada a la industria de ropa para damas pero, al paso del tiempo, la mayoría de las fábricas de ese tipo de ropa se trasladaron a otros países, con lo que dejaron pocas oportunidades en el campo. Aunque es imposible que predigamos el futuro, debemos estar alerta a los indicadores de cambio. Debemos preguntar:

- ¿Nuestra industria tiene una sólida historia de crecimiento?
- ¿Nuestra industria se encuentra en un periodo de crecimiento en este momento?
- ¿Se conoce a nuestra industria por sus progresos tecnológicos?
- ¿Nuestra industria cuenta con un mercado diversificado? (Es decir, ¿depende del gobierno o de alguna industria particular para un alto porcentaje de sus ventas o insumos?)
- ¿El mercado potencial está en crecimiento?
- ¿El número de empleados en nuestra industria ha crecido o disminuido en años recientes?

Nuestra empresa

Sin importar lo exitosos que seamos en nuestra posición o puesto, la empresa para la que trabajamos representa un papel importante en la determinación de nuestro futuro. Si nuestra empresa prospera, avanzaremos; si se estanca, nuestro crecimiento se verá coartado.

Responde las siguientes preguntas relacionadas con la compañía en la que laboras:

- ¿Tu empresa es líder en la industria?
- ¿Las ventas de tu compañía han aumentado en relación con las de la industria?
- ¿Tu compañía ha lanzado nuevos productos o servicios?
- ¿La empresa se ha mantenido al corriente con los cambios tecnológicos en la industria?
- ¿Los competidores, clientes y proveedores de tu empresa le tienen respeto a la misma?
- ¿Son sólidas las finanzas de la empresa?
- ¿La compañía está expandiendo su personal?
- ¿La empresa tiene la costumbre de otorgar ascensos desde sus propias filas?
- ¿Los ascensos en tu empresa se basan en méritos o sólo en antigüedad?
- ¿El nepotismo y el favoritismo son factores significativos en la compañía donde trabajas?

Nuestro empleo

En toda empresa hay empleos que, por su naturaleza misma, conducen a que se avance, mientras que otros son callejones sin salida. A menos que tu empleo se encuentre en la primera categoría, debes considerar un cambio.

Responde las siguientes preguntas relacionadas con tu puesto actual:

- ¿Tu empleo está en la línea de ascenso?
- ¿Tus predecesores han ascendido?
- ¿Tu empleo es un terreno de capacitación para avanzar?
- ¿El trabajo le da a su titular la oportunidad de tomar decisiones?
- ¿El trabajo le da visibilidad al titular dentro de la empresa?
- ¿Le ofrece al titular la oportunidad de tratar con ejecutivos de la alta gerencia?

- ¿El titular administra a otras personas?
- ¿El titular cuenta con la autoridad de comprometer recursos de la compañía (dinero, materiales, equipo, horas de trabajo u otros por el estilo)?
- ¿El empleo tiene prestigio dentro de la empresa?
- ¿El empleo se encuentra bajo la supervisión de un ejecutivo que puede recomendar un ascenso?

Nuestra situación personal

Tu análisis de prospectos profesionales también debe tomar en cuenta los factores personales. Debes disfrutar de tu trabajo. Sin importar las ventajas que pueda ofrecerte, no cabe la menor duda de que estarás mejor si no detestas ir a trabajar a diario.

Debes ser franco contigo mismo en cuanto a tu puesto actual. Mantente abierto y objetivo mientras evalúas tu satisfacción con cada uno de los siguientes elementos:

- Tu salario
- El tipo de trabajo que estás haciendo al momento
- Tu progreso dentro de la empresa
- Tus oportunidades para ascender
- Tu supervisor como persona para quien trabajar
- Tu supervisor como persona de la que puedes aprender
- El ambiente de trabajo
- El tono del departamento en el que trabajas: divertido, cooperativo, afectuoso y entusiasta; o frustrado, abatido, enojado, aburrido
- El tono de la organización
- Adquisición de conocimientos y experiencia que te ayuden a avanzar
- Adquisición de conocimientos y experiencia que mejoren tus habilidades profesionales

- El aprendizaje de cosas que te hagan valioso para otra empresa si eliges marcharte
- El respeto que recibes de tus superiores, colegas y subordinados
- Tu siguiente ascenso debería suceder en (indica el tiempo deseado)

Analizar estos elementos te ayudará a tomar una decisión objetiva que no se vea afectada por emociones, resentimientos y demás

Transferencias

Como resultado de los análisis anteriores, es posible que determinemos que nuestro crecimiento se encuentra estancado en nuestro puesto presente, pero que existen amplias posibilidades de crecimiento laboral dentro de nuestra empresa. La respuesta no es cambiar de empleo, sino pedir que se nos transfiera a otro departamento dentro de la compañía.

Las transferencias entre empresas pueden lograrse de distintas maneras.

Mucho dependerá de la relación que tengamos con nuestro supervisor inmediato. Digamos que llevamos muchos años en nuestro puesto actual. Nuestro jefe no está programado para ascender en mucho tiempo. Si llevamos una buena relación con él, podríamos iniciar una charla amistosa. Discute tu deseo de progresar con más rapidez dentro de tu mismo departamento e indica que te gustaría trasladarte a otro departamento donde puedas progresar y lograr tus metas con mayor rapidez.

Si tu jefe se niega a tu petición o si la relación es tal que no puedes discutir una transferencia con dicha persona, podrías decidir hablar con un ejecutivo que se encuentre en un puesto superior dentro de la jerarquía; quizá el supervisor de tu supervisor inmediato. Pide una reunión confidencial. Debido a que existe la posibilidad de que dicha persona tenga sólo un conocimiento pasajero de tus antecedentes, debes estar preparado para describir tus logros, así como tus deseos de progresar. Asegúrate de expresar lo mucho que te agrada la empresa y las posibilidades de avanzar dentro de la misma, pero menciona que debido a que tu progreso se está viendo impedido en tu puesto presente, deseas que se te transfiera. Es posible que un ejecutivo en un puesto superior tenga la autoridad para hacer que tus deseos se conviertan en realidad, pero ten en cuenta que es probable que dicho ejecutivo quiera discutir la situación con tu supervisor, quien podría molestarse por haberlo pasado por alto al hablar con su propio supervisor. Si no se logra la transferencia, podrías tener que seguir en tu puesto a pesar de tener una relación más tensa con tu supervisor.

Es un riesgo que debes estar dispuesto a correr.

En muchas empresas la manera ideal de obtener una transferencia es a través del departamento de Recursos Humanos. Como regla, el personal de RH es neutral y su objetivo es sacarles el mayor provecho a los empleados en beneficio propio y de la compañía.

Tu acercamiento con el encargado de RH puede ser informal o más formal. La técnica más habitual tiende a ser informal. Podemos sentirnos seguros de que guardarán nuestras confidencias y de que la discusión no se compartirá con nuestro supervisor sin nuestro conocimiento. El asociado de RH puede darnos una evaluación imparcial de nuestra posición dentro de la empresa, del sitio al que podemos trasladarnos desde nuestro puesto actual, e indicarnos las transferencias laterales que estamos calificados para llevar a cabo. Nos puede sugerir que nos quedemos donde nos encontramos por un tiempo, decirnos que deberíamos hacer una petición formal de transferencia o guiarnos hacia áreas de actividad que no habíamos considerado dentro de la compañía.

Una solicitud formal de traslado puede hacerse con o sin esta discusión preliminar, aunque es mucho más recomendable que se tenga dicha charla preparatoria. Es posible que la empresa nos pida que llenemos ciertos formatos y, en algunas compañías, que proporcionemos una hoja de vida detallada para la consideración de los gerentes de los departamentos a los que estamos solicitando nuestro traslado. También es posible que otros ejecutivos de la empresa deseen entrevistarnos.

Si éste es el método que se acostumbra dentro de tu empresa, utiliza el mismo abordaje que usarías al solicitar un empleo en otra compañía (ve el capítulo 9 para más detalles relacionados con entrevistas fuera de tu empresa actual).

Aumentos salariales

Por muchos años, los aumentos salariales de muchas organizaciones eran prácticamente automáticos y uno podía estar seguro de que recibiría un aumento cada año o un incremento salarial periódico basado en nuestros méritos. En ocasiones, cuando los sindicatos de obreros negociaban un aumento para sus miembros, se les otorgaba un incremento salarial equivalente al personal de supervisión y a los profesionales y directivos de la empresa. Se tenía poco o ningún control sobre ese tipo de aumento. Esto sigue siendo parcialmente cierto en la actualidad, pero en muchas organizaciones los aumentos salariales ya no son un suceso regular y esperado. En ese caso, o cuando deseemos que se nos haga un incremento de sueldo, debemos hacer un esfuerzo evidente por lograrlo. De manera tradicional, recibiremos una mayor compensación cuando se nos ascienda a un trabajo con mayores responsabilidades. En ocasiones es posible que sintamos que merecemos un aumento incluso cuando no hay un ascenso en puerta. Para obtener un aumento de ese tipo tendremos que pedirlo.

Lo lógico sería solicitar el aumento a nuestro supervisor inmediato. En la mayoría de las organizaciones ésta es la única persona que puede recomendar aumentos salariales, aunque es común que necesiten recibir la aprobación de ejecutivos de mayor nivel dentro de la empresa. Antes de que pidas un aumento averigua cuáles son las políticas de salarios y compensaciones dentro de tu empresa. Si existen reglas rígidas relacionadas con tales aumentos evalúa cómo se aplican a tu situación. Bajo ciertas circunstancias es posible que se hagan excepciones incluso a las reglas más rígidas. ¿Dónde se encuentra nuestro salario actual en relación con el rango más general? Si nos encontramos al tope del rango para nuestra categoría laboral, quizá no sea posible que recibamos un aumento bajo ninguna circunstancia, a menos de que se nos ascienda o se actualice la descripción del puesto que ocupamos. Si no nos encontramos en el nivel más alto, será posible ascender dentro del rango permitido.

Pide una junta en privado con tu jefe. No discutas tu deseo o petición de un aumento con otras personas. Un aumento de sueldo puede ocasionar problemas que el jefe no quiera tener con nuestros compañeros de trabajo. Jamás hables con tu jefe acerca de un aumento en una fiesta o reunión social. A menudo las promesas de aumentos que se hacen cuando el jefe ha bebido algunos tragos se "olvidan" al día siguiente.

Al entrevistarte con tu supervisor discute tus logros específicos. No seas modesto. Señala lo que hayas hecho más allá de los requisitos básicos de tu trabajo y recuérdale los reconocimientos que haya hecho de tu desempeño. Anticipa cualquier objeción posible. Por ejemplo:

SUPERVISOR: Las ventas cayeron respecto al año pasado. Espera un poco hasta que mejoren las cosas.

TÚ: Lo entiendo, pero mi producción en este año fue mucho mayor y deberían recompensarse mis contribuciones a la compañía.

SUPERVISOR: Recibiste un aumento hace seis meses.

TÚ: Lo sé, y aunque agradezco haberlo recibido, fue un aumento automático que se nos dio a todos. Siento que mi trabajo merece un reconocimiento especial.

SUPERVISOR: Sería ir en contra de las políticas de la empresa.

TÚ: No quiero causarle problemas a la compañía, pero las políticas de salarios y remuneraciones tienen cierta flexibilidad. Siento que mi situación merece una consideración especial.

SUPERVISOR: Se te está considerando para un ascenso tan pronto como se abra una vacante en el siguiente nivel.

TÚ: Lo agradezco y no puedo esperar a que suceda; sin embargo, no existe indicación alguna de que se vaya a dar en el corto plazo y siento que estoy haciendo contribuciones excepcionales en este momento.

Observa que jamás se menciona que necesites el aumento debido a causas personales. Sólo se está haciendo la petición con base en las contribuciones que se hicieron a la empresa. De hecho, nuestros requisitos financieros personales no son responsabilidad de nuestro empleador y es recomendable evitar la discusión de los mismos. A menos de que tengamos una relación personal muy cercana con nuestro jefe, el hecho de que haya aumentado el número de miembros de nuestra familia o que hayamos comprado casa nueva tendrá poco peso en cuanto a resultados.

También observa que no hubo amenazas de renunciar. Jamás se le debe presentar un ultimátum a nuestro supervisor. Si "ganamos", siempre se nos verá como chantajistas, y si perdemos, ¡nos quedaremos sin trabajo!

Elige la ocasión con cuidado. Un buen momento para pedir un aumento es después de recibir un buen reporte de desempeño o si hiciste un trabajo excepcional con un encargo difícil. Es mejor esperar que hacer nuestra petición en un momento inadecuado.

Las personas que avanzan en este mundo son las que se levantan y buscan las circunstancias que desean, y si no pueden encontrarlas, las crean.

GEORGE BERNARD SHAW

Ascensos

Marian Ruderman, directora del Centro para el Liderazgo Creativo (*Center for Creative Leadership*) en Greensboro, Carolina del Norte, identificó tres mitos comunes relacionados con los ascensos:

1. **Las personas reciben ascensos por su desempeño.** Aunque el desempeño y los logros representan una parte importante, estar en el lugar correcto y en el momento correcto son un factor determinante. En otras palabras, las circunstancias y la oportunidad juegan un papel importante a la hora de decidir quién recibe un ascenso. Es frecuente que los supervisores dependan de sus propias intuiciones y de las opiniones de otras personas cuando deciden a quién ascender. Les dan una enorme importancia a las personas en quienes confían y a aquellas personas que se representan de forma adecuada. Siempre debemos estar atentos a crear oportunidades para nosotros mismos.

2. **Las personas reciben ascensos porque sus habilidades coinciden con una vacante.** Aunque es posible que asciendan a ciertas personas con el fin de aprovechar sus habilidades específicas, es frecuente que los puestos se creen o personalicen para ajustarse a las capacidades de los empleados. A medida que evolucionan las organizaciones es frecuente que adapten los empleos para que coincidan con las habilidades de algún candidato. Necesitas comunicar tus habilidades.

3. **Estás compitiendo contra muchos otros candidatos para el ascenso.** A menudo los supervisores saben exactamente a quién quieren ascender. Si se trata de ti, tu trabajo es convencerlos de que están tomando la decisión correcta. Si no estás del todo seguro, necesitas aumentar tu visibilidad y exhibir tus talentos.

Cómo progresar

La ruta habitual para progresar y obtener aumentos es a través de los ascensos periódicos dentro de la estructura de la jerarquía organizacional. El paso inicial y más evidente para garantizar nuestro progreso es que hagamos nuestro trabajo de manera exitosa. Si no podemos tener un desempeño adecuado a un bajo nivel, por lo común no se nos tomará en cuenta para un nivel superior. Pero el desempeño estelar por sí solo no basta para garantizar un ascenso. Hay diversos factores que lo acompañan.

Ascensos anticipados

Muchas empresas tienen un programa de ascensos casi automáticos a los niveles más bajos. Un joven que se une a la compañía como aprendiz administrativo progresará con facilidad a un puesto gerencial inferior al cabo de un par de años, a menos de que tenga un desempeño muy por debajo del anticipado. Las políticas empresariales y la estructura organizacional pueden dar cabida a estos empleados con facilidad.

Sin embargo, muchos ascensos de este tipo pueden resultar engañosos. Constituyen un avance en la jerarquía y en responsabilidades, pero pueden no conducir a ningún sitio. Los individuos orientados a su progreso profesional deben elegir el puesto que desean dentro de su línea de avance, incluso si eso significa declinar un ascenso que no fomente su progreso.

Ben era entrevistador laboral en el departamento de Recursos Humanos de una importante empresa manufacturera. Después de dos años en el puesto, se le ofreció un ascenso a entrevistador ejecutivo. Pidió una entrevista con su supervisor para declinar el ascenso. Ben sentía que necesitaba mayor experiencia en otros aspectos de los recursos humanos para garantizar su progreso dentro de la profesión. Su supervisor estuvo de acuerdo y retiró la oferta. Seis meses después, ascendieron a Ben al puesto de asistente gerencial en recursos humanos a nivel planta, donde pudo adquirir mucha más experiencia.

Cuando se te ofrezca un ascenso piensa con cuidado si el puesto que se te está ofreciendo es algo que realmente te interesa. Debes preguntarte:

- ¿Este nuevo empleo me llevará a un puesto superior? ¿Obtendré la experiencia que me hará más valioso para la empresa?
- ¿Este trabajo me dará la oportunidad de tomar decisiones? (Podemos probarnos con mucha más velocidad en un puesto en el que se tomen decisiones, aunque es evidente que los riesgos son mayores porque una mala decisión puede tener consecuencias negativas.)
- ¿Este trabajo es un buen paso temporal incluso si no se encuentra en línea directa hacia mi meta profesional? Por ejemplo, trabajar durante un tiempo breve como asistente de un alto ejecutivo suele ser un empleo temporal excelente. Podemos aprender mucho acerca de diversas fases de la actividad de la empresa. Sin embargo, si tenemos dicho empleo demasiado tiempo, no obtendremos experiencia ejecutiva real. Debemos salir de este puesto después de uno o dos años para pasar a un puesto gerencial.
- ¿El puesto me hará visible para las personas que tienen el poder de impulsar mi trayecto profesional? Sin importar lo buenos que seamos en lo que hacemos, si

nadie tiene conocimientos de ello, jamás avanzaremos dentro de la organización. Algunos puestos son más visibles que otros. Un empleo que requiera de un contacto frecuente con la alta gerencia será mejor que uno en el que eso no suceda. La persona que piensa primero en el crecimiento a largo plazo dentro de su empresa debe examinar este factor con detenimiento al planear su línea de avance proyectada dentro de la organización.

Además del puesto que tenemos y de la excelencia de nuestro trabajo, otros dos factores importantes para nuestras oportunidades de ascenso son: visibilidad personal y política empresarial.

Visibilidad personal

Además de tener un puesto que nos dé cierta visibilidad, debemos lograr que nuestros compañeros y supervisores lleguen a conocernos y respetarnos. Una vez que las personas dentro de la empresa piensen en nosotros como personas con cierta reputación en nuestro campo, habremos superado una barrera básica que obstaculiza el progreso: el anonimato.

Algunos ejecutivos en ascenso contratan a expertos en relaciones públicas para que los ayuden a lograr un máximo de visibilidad, pero eso no es necesario. Sólo asegúrate de que tus logros se conozcan donde cuenta. La modestia y la autocrítica no tienen cabida en la batalla por progresar. Veamos algunos ejemplos.

Cuando Josh se enteró de que ni siquiera lo consideraron para el ascenso como jefe de su departamento, se sintió devastado. Su jefe inmediato durante los últimos cinco años, Todd, le había asegurado que, cuando se retirara, recomendaría a Josh para el puesto. Por desgracia, Todd falleció dos años antes de que tuviera planeado jubilarse y la empresa contrató al nuevo gerente desde afuera.

¿Por qué razón la alta gerencia no consideró a Josh? Porque nadie, fuera de Todd, sabía de las capacidades de Josh. De hecho, ninguno de los miembros de la alta gerencia sabía siquiera quién era. Josh era "invisible". La mayoría de las organizaciones tienen personal de lo más competente que, al igual que Josh, jamás progresa de manera considerable porque nadie sabe de quién se trata. Para avanzar en tu trayectoria profesional debes visibilizarte ante los gerentes, además de hacerlo ante tu supervisor directo. ¿Cómo es que una persona se vuelve visible? El primer requisito es la competencia. Si somos incompetentes y visibles, funcionará en nuestra contra. Josh era competente, pero la competencia por sí sola no basta. Cuando Josh asistía a reuniones con su supervisor jamás contribuía con sus propias ideas. Si tenía algún comentario que hacer, lo anotaba y se lo pasaba a su jefe, que lo ofrecía como propio. Cuando se le preguntó por qué no presentaba sus propias ideas, admitió que le daba miedo hablar frente a otras personas.

Levanta la voz

Una de las maneras más eficaces para que te lleguen a conocer los ejecutivos de tu organización es por medio de la participación activa en las reuniones a las que asistas. Muchas personas que cuentan con una capacitación integral dentro de sus campos tienen mucho que ofrecer. El temor de hablar en público se ha identificado como uno de los más comunes. Sin embargo, es un temor que puede superarse por medio de capacitación y práctica. La mayoría de las universidades ofrece cursos en oratoria, y los programas especiales tales como el curso Dale Carnegie de Comunicación Eficaz y Relaciones Humanas han ayudado a incontables personas a superar sus miedos.

Muestra interés en las metas de otras personas

Cuando a Valerie se le preguntó a qué atribuía su rápido ascenso en su empresa, respondió: "Mis grandes orejas". Esclareció aún más: "De veras escucho a la gente; no sólo cuando me hablan a mí, sino cuando les hablan a otras personas a mi alrededor. Muy al principio de mi trayectoria profesional, estaba esperando a que empezara una junta cuando un hombre cerca de mí empezó a discutir el control de calidad estadístico con otra persona del grupo. Algunas semanas después, me topé con un artículo relacionado con el tema en una publicación gremial. Como recordé la discusión, recorté el artículo y se lo envié al hombre que había mostrado interés en el tema. Me lo agradeció y le contó a otro gerente lo amable que había sido con él. Como esa pequeña obra significó tanto para él, decidí hacerme a la costumbre de enviarles artículos a diferentes personas dentro de la empresa. Pronto, me gané la reputación de ser una persona considerada que siempre buscaba información que pudiera servirles a otros. Eso llevó a que varios ejecutivos pidieran que se me transfiriera a sus departamentos y cada traslado significó un avance en mi trayectoria".

Siguiendo el ejemplo de Valerie, podrías enviar algún artículo de especial interés a un superior con el que hayas tenido algún contacto. Observa que no es buena idea que te comuniques con el presidente de la empresa, o con otros miembros de la alta gerencia, si normalmente no colaboras con ellos. Limítate a tus superiores inmediatos.

Ofrécete como voluntario

Cuando Bill se graduó de la universidad, se unió al departamento de Recursos Humanos de una organización de gran tamaño de la lista Fortune 500. No le llevó mucho tiempo darse cuenta de que había al menos otras 20 personas jóvenes y brillantes con las que estaría compitiendo por un ascenso.

Tenía que hacer algo más que sólo desempeñarse de manera notable en su trabajo para aventajar a sus competidores.

Algunos meses después, Bill se ofreció como voluntario para presidir la campaña de recaudación de fondos anual de la empresa a favor de United Way. Como parte de su labor, visitó cada departamento de las oficinas generales y conoció a la mayoría de los ejecutivos y directivos de la empresa. Cada año, durante los tres años siguientes, Bill presidió la campaña.

Uno de los vicepresidentes de la compañía quedó impresionado con la dedicación de Bill para con su labor y con el profesionalismo con el que la manejó. Le mencionó que quería crear un trabajo dentro de su departamento, y que él podría ser la persona perfecta para el mismo. Bill aceptó su oferta y, ahora, en lugar de ser uno de muchos concursantes en la carrera para un ascenso en el departamento de Recursos Humanos, es el protegido de un alto ejecutivo con una trayectoria profesional clara frente a sí.

> *En la actualidad, el conocimiento es poder. Controla el*
> *acceso a la oportunidad y al avance.*
> PETER DRUCKER

Participa de manera activa en asociaciones profesionales

Samantha estaba lista para renunciar a su trabajo en el departamento de mercadotecnia de una de las más prestigiosas empresas de productos de consumo en Estados Unidos. Simplemente no podía ver una ruta clara de progreso y ascenso con tantos buenos elementos en competencia con ella. En lugar de darse por vencida, decidió que tenía que volverse más visible para la alta jerarquía de su departamento, a fin de que pudieran reconocer su potencial.

Samantha era miembro de la American Marketing Association. Con el fin de poner en marcha su plan, accedió a prestar sus servicios en el comité de programación. Su primera tarea fue encontrar un orador para la reunión de abril. Decidió invitar al vicepresidente de Mercadotecnia de su propia empresa. Aunque jamás había hablado con él y estaba más que segura de que no tenía idea de quién era ella, Samantha le extendió una invitación para aparecer como ponente. No sólo accedió a hacerlo, sino que le dijo que lo consideraba un honor. En dos ocasiones antes de su presentación le habló a Samantha para discutir su ponencia. Durante la conferencia se sentó junto a él en el estrado y lo presentó ante las personas allí reunidas. Desde ese momento Samantha fue visible para ese vicepresidente y empezó a tener un progreso notable dentro de su departamento.

Otra manera de visibilizarte es a través de la redacción de artículos para publicaciones gremiales. Si tu artículo menciona las actividades que llevas a cabo dentro de tu empresa, recuerda obtener la aprobación de tu supervisor antes de publicarlo. Eso te ahorrará muchos dolores de cabeza si lo que escribiste incluye cualquier tipo de información no apta para publicación. En la mayoría de los casos aprobarán tu artículo y se elevará tu estatus dentro de la empresa.

También podrías considerar ocupar un puesto dentro de una asociación gremial o profesional para participar en actividades comunitarias en las que tu empresa haya mostrado interés. Otra excelente manera de llamar la atención de tus supervisores a tu desempeño es que un cliente o proveedor te mencione. Si alguien con quien trabajamos nos elogia, es más que aceptable sugerirle a esa persona que le envíe a nuestro jefe un correo electrónico o carta donde mencione nuestra utilidad o buen servicio. Este tipo de retroalimentación positiva da una buena imagen del valor que tenemos para nuestro departamento y la organización como un todo. La competencia y el profesionalismo son esenciales para el éxito pero, sin importar lo eficaces que podamos ser, si quienes toman las decisiones dentro de la organización no nos conocen, es más que posible que nos pasen por alto. Mediante la planeación e implementación de un programa para visibilizarnos, nuestras oportunidades de desarrollo profesional se incrementarán de manera significativa.

La visibilidad no es el único factor esencial para avanzar en nuestro puesto actual, sino que también sirve para expandir nuestras oportunidades dentro de nuestra industria, nuestra comunidad, y otros aspectos de nuestra vida. Se convierte en una herramienta útil para obtener información de otras personas en la organización, de proveedores y clientes, e incluso de competidores. También nos ayudará a sacar el máximo provecho de la creación de una red de contactos (más al respecto en el capítulo 8).

El comercial propio

Una excelente manera de potenciar tu visibilidad es por medio de la preparación de un comercial propio, para que así, cuando conozcas a alguien ajeno a tu empresa, estés preparado para darle una declaración clara y concisa de quién eres, qué haces y el valor único que aportas al mercado empresarial. Se denomina "comercial propio" porque es tan conciso y persuasivo, que las personas realmente lo escuchan y recuerdan quiénes somos y qué podemos lograr en cuestión de resultados. Como podría decírtelo cualquier ejecutivo publicitario, desarrollar una declaración así de creativa y sucinta no es tarea fácil. El objetivo es ofrecer claridad y despertar interés, y hacerlo en menos de 150 palabras bien elegidas (en no más de 60 segundos).

Metas del comercial propio

La meta de un comercial propio es despertar el interés de quien lo escucha. Debe hacer que se sientan lo bastante curiosos como para querer averiguar más. La naturaleza genuina y bien ensayada de un comercial propio eficaz crea oportunidades de uso en distintos entornos. Reuniones en asociaciones de negocios, reuniones sociales, grupos profesionales y juntas espontáneas son, todas, entornos para su uso potencial.

Cómo crear un comercial propio

Digamos que te vas a reunir con un alto ejecutivo de tu organización por primera vez. Quieres crear una impresión que él o ella recuerde de manera favorable. Lo más seguro es que, tarde que temprano, te pregunte qué es lo que haces dentro de la organización. Aunque los dos trabajen para la misma organización, no supongas que con indicar el puesto que ocupas será suficiente. Tu objetivo no es describir tu empleo, sino señalar aquello que te hace diferente, mejor o más eficaz que los demás empleados que realizan tareas semejantes.

Una manera de hacerlo es crear una "precapitulación" de un minuto que indique lo que haces y lo que ya has hecho. De la misma manera en que una recapitulación reitera lo que dijimos *después* de haberlo hecho, una "precapitulación" es un *prólogo* que destaca lo que expondremos después. Esto debe indicar nuestros logros más notables en el trabajo de manera concisa.

Por ejemplo: "Soy gerente asistente en RH. Me fascina mi trabajo porque me da la oportunidad de ser creativo. Por ejemplo, desarrollé el programa de capacitación en liderazgo para los nuevos líderes de equipo, lo que les permitió hacerse productivos de inmediato después de asumir sus nuevos cargos. Lo hice por medio del diseño de una serie de 'juegos' para computadora donde se trataba la gran mayoría de problemas a los que se enfrentan los nuevos líderes, para que cada uno pudiera aprender a su propio ritmo y en su propio tiempo. El juego se seguía de varios ejercicios interactivos y el programa entero terminaba con una sesión de práctica aplicada con un líder experimentado como mentor. El programa redujo el tiempo de capacitación un 30 por ciento".

Ensaya tu "precapitulación" varias veces. Un buen consejo es que la grabes y reproduzcas para escucharla. Para cerciorarte de que suene genuina, no la memorices. Mantente listo a modificarla de modo que puedas destacar los factores de tu formación que sean de máximo interés para la persona con quien estás hablando. Cada vez que la utilices debe sonar original y tener significado para tu oyente; no como una plática memorizada.

Política empresarial

Siempre que distintas personas trabajen juntas, trátese de una empresa o de un club social, los factores políticos se entremezclarán en las relaciones interpersonales.
ERWIN STANTON, psicólogo

Es frecuente que en las empresas existan grupos que luchen por alcanzar la supremacía. Incluso en una empresa pequeña habrá facciones que compitan para progresar y que utilicen distintas tácticas para obtener el apoyo de aquellas personas que se encuentren en posiciones gerenciales.

La regla más sensata para un empleado nuevo es mantenerse al margen de estas luchas intestinas. Lo mejor es no identificarse con ninguna de las facciones hasta que nos veamos obligados a elegir. Por lo general, es difícil mantenerse alejado de la política de cualquier organización; a la larga todas las personas, a excepción de las más ingenuas dentro de la jerarquía gerencial, se hallarán de un lado o de otro. A menudo alguien elige por nosotros. Se nos asigna a un jefe en particular y, de manera automática, se nos identifica con su grupo político.

Si nos encontramos en el equipo que se encuentra en ascenso, nos resultará ventajoso. Cuando el líder de nuestro equipo obtenga el poder se nos recompensará con un ascenso y todos los beneficios asociados. No obstante, si se nos identifica con la camarilla política perdedora es posible que estemos destinados a un trabajo de bajo nivel o que se nos obligue a abandonar la empresa.

Tomar partido es una decisión de lo más difícil; lo mejor es que te mantengas neutral el mayor tiempo posible. Optar por el lado con más probabilidades de ganar requiere de un conocimiento íntimo de la compañía, de su personal, y del clima en el que opera. Si observas la situación con detenimiento es posible que termines del lado victorioso en la batalla interna; no obstante, si te te asocia con el lado perdedor puede ser una razón apremiante para ir en busca de un empleo nuevo.

La mayoría de las luchas políticas internas no tiene una solución de alguien gana y alguien pierde. Se prolongan durante años sin una conclusión definitiva. Podemos convivir con ello mediante una evaluación frecuente de dónde nos encontramos respecto al grupo en el poder y manteniendo buenas relaciones con todas las facciones. Cambiar de lado no es fácil de lograr sin perder el prestigio, pero es algo que sí se hace; al final de cuentas, saber cuándo y cómo hacerlo podría garantizar tu supervivencia.

Valoración de tu competencia

En la mayoría de las empresas tendremos que competir con personas tanto dentro como fuera de nuestros departamentos para obtener empleos por arriba de nuestro nivel. De manera natural, a medida que escalemos la jerarquía organizacional habrá menos empleos disponibles, por lo que la competencia asociada con los mismos se volverá cada vez más intensa.

Durante tu progreso debes estar al tanto de los rivales que tendrás para el puesto que desees. Debes valorar a tus oponentes y esforzarte por superar tu desempeño y aumentar tu visibilidad.

Si trabajas en una empresa familiar es posible, si no es que probable, que sólo aquellos que pertenezcan a la familia accedan a los puestos de alta gerencia. En cualquier organización es posible que exista algún competidor que sea el favorito del jefe o que se encuentre muy delante de nosotros en la carrera por avanzar. En cualquiera de ambas situaciones es posible que sea ventajoso conformarse con progresar a una meseta de menor nivel, o elegir aprender todo lo que nos sea posible para después buscar un cargo donde haya mayores oportunidades dentro de nuestra empresa o bien en otra compañía diferente. No obstante, si sientes que existe la posibilidad de que compitas, debes hacer tu máximo esfuerzo por distinguirte.

Algunos de los factores que deben preocuparte son las tácticas que utilicen tus rivales. No todo el mundo va a competir de manera limpia. Por desgracia, es posible que te topes con competidores que te apuñalen por la espalda siempre que puedan si eso les permite opacarte. Aunque tales tácticas funcionan con algunas personas, los ejecutivos sofisticados están al tanto de las mismas y las detestan. Es el colmo del mal juicio ofender a los propios colegas. Sin embargo, algunos de nuestros rivales podrían intentar avanzar denigrándonos a nosotros o a sus demás competidores.

Analicemos algunas de sus tácticas y cómo podemos combatirlas.

Los calumniadores

Los calumniadores observarán cada cosa que hagamos. Si cometemos un error se asegurarán de que llegue a los oídos de toda la alta gerencia. Se regodearán con cada error que cometamos. Podemos contrarrestar esto publicitando nuestros logros, como ya lo mencionamos antes. Si sólo cometemos errores ocasionales, y hasta los mejores lo hacen, nuestros logros superarán nuestras equivocaciones con mucho.

Los negativistas

Los negativistas prestan mucha atención a nuestras ideas y programas. Por lo general esperan a que los discutamos en alguna reunión donde asistan miembros de la alta gerencia y, entonces, ¡atacan! Señalan todos los defectos que tiene el plan y enfatizan los aspectos negativos del mismo (por ejemplo, los costos son demasiado elevados; jamás se ha intentado algo así; jamás se aceptará; y críticas por el estilo), aun cuando hayamos mostrado los aspectos positivos que los superen. Jamás sugieren alternativas. El objetivo es ponernos a la defensiva y hacernos parecer tontos. A menos que estemos preparados para esto, corremos el riesgo de dejar una mala impresión con los demás ejecutivos. Nuestro plan podrá replantearse después, con todas las respuestas apropiadas, pero habremos perdido una oportunidad importante; la impresión desfavorable que querían que dejáramos perdurará en la mente de los gerentes que asistieron. Para repeler este tipo de ataque debemos estar siempre listos para defender nuestras ideas de manera lógica, *no* emocional, cuando nos veamos atacados por negativistas. Lo que más les encantaría es vernos explotar frente a nuestros jefes. Eso reduciría nuestro potencial de avance más que la mayoría de otros factores.

Los superadores

A diferencia de los negativistas, los superadores tratarán de hacernos menos por medio de rebasar cualquier idea que hayamos planteado con otra que, al menos de manera superficial, parece mejor que la nuestra. Por ejemplo, digamos que tienes una idea muy bien planeada para una campaña publicitaria que requiere que alguna celebridad respalde nuestro producto. El superador se apropia de tu idea al sugerir alguna estrella muy específica y glamorosa. En adelante dirige la discusión para que se centre en torno a "su" estrella, con lo que se adueña de la idea.

Para luchar contra los superadores coloca sus sugerencias en su adecuada perspectiva. Si tienen poco mérito, reitera la importancia de tu propia idea. Si hay algo de valor en sus sugerencias, agradéceles que hayan hecho una contribución a *tu* plan y enfatiza el alcance de la ejecución de tu idea.

Los aduladores

Toda empresa tiene elementos sumisos. Algunos jefes se rodean de aduladores que satisfagan su vanidad. De hecho, saber cuándo y cómo adular a los jefes ayuda a muchas personas a lograr avances en su trayectoria profesional, pero necesitamos reconocer la diferencia entre los cumplidos ocasionales y la adulación. Los aduladores encuentran excusas para elogiar a sus supervisores. Se apresuran a cumplir cada uno de sus deseos; jamás discrepan con ellos y, por lo general, repiten todas las ideas de sus jefes como loros.

La mejor táctica es hacer una valoración de tu supervisor; si es una persona insegura que necesita este apoyo a su vanidad, jamás podrás ganarles a los aduladores a menos que participes en su mismo juego. No obstante, la mayoría de los ejecutivos pueden ver la insinceridad de estos lisonjeros y, más que impresionarlos, les causan gracia.

Debes mantenerte fiel a quien eres y aferrarte a tus propias creencias. Concuerda o discrepa con tu supervisor según corresponda y presenta cualquier desacuerdo de manera clara y franca. Por lo común, la mayoría de los jefes reconocerá tu derecho a hacerlo. Aunque no estén convencidos de que tus argumentos te den la razón, respetarán tu derecho a disentir. Aprende a detectar a tus rivales y prepárate para luchar contra ellos analizando cómo es que operan y preparándote de manera acorde. El buen trabajo y el reconocimiento del mismo siguen siendo el camino más rápido al crecimiento dentro de cualquier empresa. Los rivales desleales quizá te ocasionen reveses temporales, pero tu integridad te permitirá superarlos de manera invariable.

La evaluación de desempeño

Uno de los factores más importantes para determinar tu progreso dentro de una empresa es la evaluación de tu desempeño. En la mayoría de las empresas tu supervisor la llevará a cabo de manera anual.

Muchos de nosotros le tememos a este encuentro. El temor y el estrés sólo operarán en tu contra en esta reunión tan crítica. Por medio de una preparación cuidadosa podemos convertirla en un punto a favor.

Valora tu propio desempeño

Para sacar el mayor provecho de la evaluación de desempeño es esencial que te prepares para la misma con sumo cuidado. Antes de reunirte con tu supervisor lleva a cabo un análisis objetivo de tu desempeño durante el periodo total bajo evaluación. Esto puede lograrse con facilidad si llevaste una bitácora completa de tus actividades. Si no lo hiciste, consulta todos los informes que tengas disponibles.

Lista tus logros

A partir de tu bitácora, registros escritos o de tu memoria, identifica los principales logros del último año. Incluye cualquier cosa especial que hayas hecho para contribuir al éxito del departamento. Por ejemplo, lista las sugerencias que hiciste y que se implementaron, como iniciar algún programa de seguridad que haya reducido accidentes de manera significativa, desarrollar un método de ahorro de tiempo que haya permitido que se cumpliera con una fecha límite muy apretada, ayudar a un nuevo empleado a volverse más productivo con velocidad, exceder las cuotas para ciertos trabajos de forma significativa y otros logros semejantes.

Reconoce tus deficiencias

Nadie es perfecto, y habrá actividades que sabes que podrías mejorar. Lo más probable es que tu supervisor las traiga a colación durante tu evaluación. Piensa cómo podrías mejorar tu desempeño y prepárate para ofrecer formas en que pudieras hacerlo.

Por ejemplo, quizá no sepas tanto como debieras acerca de ciertos procedimientos técnicos. Lo más seguro es que el jefe hará algún comentario relacionado con esta deficiencia, de modo que prepárate para discutir qué es lo que estás haciendo para adquirir esos conocimientos.

Tu papel en la evaluación de desempeño

Recuerda que la evaluación es una conversación entre tu supervisor y tú. No es sólo una oportunidad para que tu jefe te diga: "Esto es lo que hiciste bien y esto lo que hiciste mal". Debe ser una interacción bidireccional. Es cierto que quizá seamos más receptores que emisores en la misma, pero nuestros comentarios tienen importancia.

Escucha con atención

No interrumpas, pero sí pide aclaraciones. Si no te queda claro lo que te está diciendo tu supervisor, parafrasea lo que te acaba de decir. Pregunta: "¿Con eso entiendo que quieres decir...?" o haz preguntas específicas acerca de lo que te acaba de informar. Deja que tu supervisor termine sus comentarios antes de intervenir.

Sé constructivo

Si no estás de acuerdo con los comentarios de tu jefe, debes impugnarlos. Dado que preparaste una lista cuidadosa de tus logros y estás al tanto de tus deficiencias, estarás listo para plantear tus argumentos.

Una buena idea es empezar dándole las gracias a tu supervisor por el apoyo que te haya mostrado en años anteriores y decir: "Entiendo todo lo que has dicho y agradezco tu franqueza. No obstante, hay ciertos logros de los que estoy especialmente orgulloso, mismos por los que me felicitaste en el momento, y que quizá no hayas tomado en cuenta". Entonces, enumera dichos logros. Si te señalaron deficiencias, no pongas excusas, más bien especifica lo que estás haciendo para corregirlas. Sugiere que tu supervisor tome en cuenta tus esfuerzos por mejorar tu desempeño antes de que tu evaluación se considere como definitiva.

> *Las evaluaciones de desempeño son calles de doble sentido. Tanto los supervisores como los subordinados deben considerarlas como una oportunidad para valorar el desempeño de manera constructiva y crear planes para una mejoría continua.*
> Scott Ventrella, consultor y autor

Establece metas para el futuro

En muchas organizaciones el periodo de evaluaciones de desempeño es un momento para establecer metas para el siguiente periodo. Discute qué tan cerca estuviste de alcanzar las metas que se especificaron en el periodo anterior. Si no cumpliste con dichas metas durante el año, explica cuáles fueron las circunstancias pertinentes.

Discute cuáles son tus metas para el periodo venidero. Éstas pueden especificarse en la forma de objetivos específicos relacionados con tu trabajo, como aumentar tu productividad o desarrollar proyectos nuevos, o metas personales relacionadas con los negocios, como aprender un nuevo idioma o programa de cómputo, o esforzarte para obtener un título universitario o de posgrado. Asegúrate de que tales metas le sean de importancia a tu compañía y que potencien tus oportunidades para progresar. Señala que estás comprometido a lograrlas.

Si sigues todas estas sugerencias puedes hacer que las evaluaciones de desempeño obren a tu favor y se vuelvan un paso valioso en tu avance profesional.

Síntesis y esencia

1. Analiza tus oportunidades estudiando la situación de tu industria, tu empresa y tu empleo actual, así como de tus metas personales.

2. Si estás satisfecho con tu empresa, pero tu empleo no te ofrece oportunidades para avanzar, considera trasladarte a un puesto distinto dentro de tu misma organización.

3. Si un ascenso o un traslado no son opciones, sigue las sugerencias que se te hicieron en este capítulo para obtener un aumento de sueldo.

4. Para potenciar tus oportunidades de ascender:

   - Conviértete en un experto en tu trabajo y aprovecha las oportunidades para demostrar tus talentos, crear algún producto, arreglar un problema, obtener resultados, o todas las anteriores.

   - Demuestra tu excelencia en tus habilidades de comunicación, liderazgo y presentación.

   - Ve más allá de las expectativas. Haz más de lo prometido, gasta menos que lo que se presupuestó y adelántate a los límites de tiempo.

   - Muestra un genuino deseo por aprender. Haz preguntas, escucha con atención y muestra interés por los demás y por la forma en que su trabajo se relaciona con el tuyo.

   - Exhibe una curva de aprendizaje elevada e impactante.

   - Conoce las prioridades de tu jefe y contribuye a esos proyectos.

   - Aprovecha y busca oportunidades para capacitarte.

   - Mantente alejado de la política y de los chismes.

   - Aprende a lidiar de manera efectiva con una población diversa.

- Haz tu tarea; investiga el puesto o ascenso que estás buscando conseguir. Deja que tus aspiraciones se conozcan.

- Habla en las reuniones de tu empresa, pero asegúrate de que lo que tengas que decir sea pertinente y correcto.

- Si hiciste alguna contribución notable a tu trabajo, toma el crédito por la misma (y asegúrate de dar crédito a quienes te ayudaron). No es necesario exagerar ni denigrar a otros para obtener este tipo de reconocimiento.

- Lee publicaciones técnicas y gremiales. Recorta o reenvía artículos que piensas que podrían ser de interés para tu supervisor. De vez en cuando manda un artículo de especial interés a un ejecutivo superior con el que tengas algún contacto.

- Asiste a reuniones de asociaciones profesionales y gremiales, toma notas e informa a tus jefes de los temas de interés.

- Escribe artículos para publicaciones de tu ramo. Si involucran tus actividades dentro de la empresa, asegúrate de obtener la aprobación de tu supervisor antes de enviarlos a consideración.

- Innova. Haz sugerencias acerca de mejoras a productos, servicios, o ambos, pero cerciórate de que tus sugerencias sean pertinentes para las metas de la empresa. Las sugerencias vanas que se hagan sólo para pararte el cuello resultarán contraproducentes.

- Conviértete en miembro activo de alguna asociación profesional o gremial. Ofrécete como voluntario para leer algún artículo y organiza y preside alguna reunión. Invita a algún supervisor a que asista o, incluso, a que participe en los eventos programados.

- Pídele consejo y orientación a tu jefe en relación con tus prospectos de crecimiento. Pide sugerencias de cursos que puedes tomar o de libros que deberías leer.

- Si un cliente, proveedor u otra persona ajena a la empresa elogia tu trabajo, pídele que escriba una carta o correo electrónico a tu jefe. Evidentemente, no debes solicitar este tipo de recomendación, pero si algún cliente te elogia de manera frecuente, un comentario casual como: "Me da muchísimo gusto que mi recomendación te haya ayudado con tu dolor de cabeza. Creo que le sería de utilidad a Ron que le hicieras un comentario al respecto" no estaría fuera de lugar.
- Haz algo que vaya más allá de lo que el deber exige. Asegúrate de que sea algo que se publicite dentro de la empresa. Preside alguna campaña caritativa; ofrécete para hacer ese trabajo que nadie más quiere hacer; escribe artículos para la revista de la empresa y demás. Haz que tu nombre se conozca de manera favorable en toda la empresa.
- Prepárate para las evaluaciones de desempeño listando tus logros al paso de los años e indicando lo que vas a hacer para superar tus deficiencias.
- Sé paciente. Los ascensos no se dan de la noche a la mañana.

Cuando una puerta se cierra, otra se abre; pero es tan frecuente que contemplemos por tanto tiempo y con tal pesar a la puerta que se ha cerrado, que no vemos aquella que se abrió ante nosotros.
BENJAMIN DISRAELI

CAPÍTULO 8

CÓMO BUSCAR UN NUEVO EMPLEO: FUENTES DE PROSPECTOS

Nuestra necesidad o deseo de cambiar de empleo será voluntaria o involuntaria. Quizás estemos en busca de un nuevo empleo de manera involuntaria porque hayamos perdido nuestro trabajo actual. En la economía presente los despidos son comunes y debemos estar preparados a buscar trabajo en otro sitio si nuestra organización realiza una reestructuración del personal y nos liquida.

Por otra parte, es posible que elijamos abandonar nuestro empleo de manera voluntaria después de evaluar nuestra situación actual y de estudiar los resultados de nuestra evaluación (como se sugirió en el capítulo 7), y que hayamos decidido que las oportunidades en nuestra compañía actual son demasiado limitadas. ¡Cuidado! Cambiar de empleo de manera voluntaria es asunto grave y no se debe hacer a la ligera. Antes de empezar a buscar un nuevo empleo debemos considerar lo siguiente:

- **Si tienes las razones suficientes para abandonar tu puesto actual.** Revisa tu evaluación de la situación actual para asegurarte que estés tomando en cuenta de manera precisa las oportunidades que tienes en tu organización presente. En otras palabras, cerciórate de que tu decisión se base en hechos y no sólo en creencias.

- **Si tu deseo de cambiar a otra organización se basa sólo en un tema emocional.** Si quieres renunciar porque no te cae bien el supervisor, asegúrate de que este desagrado sea tan abrumador que supere cualquier ventaja que pueda ofrecerte la empresa. Una mejor opción podría ser pedir un traslado a otro departamento.
- **Si la decisión de cambiar de empleo se basa en un desacuerdo.** Jamás renuncies, o amenaces con renunciar, a causa de un desacuerdo. Los desacuerdos pueden resolverse por medio de discusiones e investigaciones adicionales. Muchos desacuerdos surgen a causa de que una o ambas partes no cuentan con la información objetiva o completa.

Quédate en tu empleo hasta que consigas uno nuevo. Evidentemente, estar empleado aliviará las presiones económicas y emocionales del desempleo, pero además muchas empresas prefieren contratar a personas que están empleadas en la actualidad.

El secreto para avanzar es iniciar la marcha. El secreto para iniciar la marcha es dividir las tareas complejas y abrumadoras en tareas pequeñas y manejables, para poner manos a la obra en la primera de ellas.
MARK TWAIN

Planea tu búsqueda de empleo

Buscar un empleo es una tarea importante y se debe planear con cuidado. No puede hacerse a tontas y a locas. Piensa en ella como una campaña de ventas en la que el producto a comercializar es tu capacidad para serle de valor a tu empleador potencial. El plan debe incluir:

- Un análisis cuidadoso de tu formación; lo que tienes que ofrecerle al empleador
- Crear una lista de fuentes de prospectos laborales
- Escribir un currículum persuasivo
- Prepararte para las entrevistas

En este capítulo discutiremos los primeros dos puntos. Los últimos dos se tratarán en el capítulo 9.

Tu inventario de logros personales

El primer paso en la búsqueda de un empleo es examinar la totalidad de tus antecedentes y recopilar un inventario de logros. Algunas cosas que debes incluir son:

Educación

Si no cuentas con un título universitario, haz una lista de todos los estudios o cursos de capacitación que hayas tomado y que sean pertinentes al puesto que buscas.

Si tienes estudios universitarios, identifica la universidad, el título que hayas obtenido y cualquier logro especial o distinción adicional. Si terminaste tus estudios hace cinco años o menos, habla un poco más al respecto; si ha pasado más tiempo desde que te graduaste, la educación se vuelve menos importante que tu experiencia laboral, de modo que no es necesario que entres en detalle acerca de tu experiencia académica.

En cualquiera de ambos casos especifica cualquier curso particular que hayas tomado y que muestre que estás manteniéndote al tanto con lo más actual en tu campo. Indica cualesquiera certificaciones, cédulas, licencias y permisos especiales que tengas para ejercer tu profesión (como la membresía en una barra o colegio de abogados, y asociaciones similares).

Señala tu pertenencia en cualquier asociación profesional, ocupacional o gremial. En caso de que sea pertinente, lista las publicaciones en las que haya aparecido tu trabajo, tu participación en convenciones industriales, etcétera.

Experiencia laboral

Lista cada trabajo que hayas tenido; inicia con tu empleo actual o con tu último empleo y continúa hacia atrás. La experiencia laboral más reciente es la que mayores probabilidades tendrá de reflejar los conocimientos que se necesiten para el nuevo puesto que estás buscando.

Para cada trabajo especifica el nombre y dirección de la organización, las fechas en las que estuviste empleado y el puesto que ocupaste. Si has tenido diversos puestos en una misma organización, lista cada uno como si se tratara de un empleo diferente. Indica la fecha de inicio en el puesto, el salario (actual o último), el nombre de tu supervisor y tu razón para cambiar de empleo. *Nota:* no utilizarás toda esta información en la elaboración de tu hoja de vida (véase el capítulo 9), pero la necesitarás para llenar los formatos de solicitud de empleo de las empresas y, a menudo, es información que se tratará en la entrevista.

Al preparar las respuestas a preguntas que quizá te planteen en relación con las áreas antes mencionadas, lista problemas específicos a los que te hayas enfrentado y la forma en que los manejaste. Esas soluciones ofrecerán evidencia relacionada con tus logros.

Al crear un inventario de tus logros personales estarás adelantándote en el camino a la redacción de tu currículum, a la discusión de tus antecedentes con personas en tu red de contactos y a responder preguntas que seguramente te plantearán en entrevistas.

La persona promedio sólo dedica el 25% de sus energías a su trabajo. El mundo entero se quita el sombrero ante aquellos que invierten más del 50% de sus capacidades y se para de cabeza por aquellos que ofrecen su 100 por ciento.
ANDREW CARNEGIE

Fuentes de prospectos laborales

Existen muchas formas excelentes de enterarse de oportunidades de trabajo. Querrás mostrarte abierto durante tu búsqueda, ya que nunca puedes saber cómo encontrarás tu siguiente puesto.

Uso de motores de búsqueda de empleos por internet

Los motores de búsqueda de empleos en línea son el equivalente a los listados de ofertas de empleo de los periódicos. Hay dos maneras en que pueden utilizarse estos servicios. Una de ellas es buscar listas de vacantes laborales; la otra es cargar nuestra hoja de vida en su base de datos. A los solicitantes no se les cobrará por ninguno de estos servicios.

Existen muchos motores de búsqueda de empleos que se encuentran en línea en la actualidad, y muchos más parecen surgir mes con mes.

La mayoría de estos servicios les cobran una cuota a las empresas para listar sus vacantes, pero los solicitantes no tienen que pagar nada. Una vez que el solicitante se registra con el servicio tiene la posibilidad de buscar en sus archivos, de publicar su currículum y de recibir consejos acerca de cómo redactar su hoja de vida y utilizar los servicios que se ofrecen. Entre los más prominentes se encuentran CareerBuilder (www.careerbuilder.com), Monster (www.monster.com) e Indeed (www.indeed.com). También hay listas de vacantes de empleo en Craigslist y hay sitios laborales que se especializan en industrias y profesiones específicas.

Búsqueda en listas de empleos

Incluso si una empresa cuenta con su propio sitio web, no puede estar del todo segura de que los candidatos más calificados entren en el mismo. Con el fin de ampliar sus búsquedas, las compañías colocan anuncios en uno o más de los motores de búsqueda de empleo en línea. Dado que dichos anuncios son bastante más amplios que la mayoría de los listados de periódicos, podemos averiguar mucho más acerca de las vacantes dentro de los mismos. Por medio del uso de palabras clave podemos seleccionar los listados apropiados y, en caso de estar interesados, comunicarnos de manera directa con el empleador.

Publicación del currículum con uno de estos servicios

Una manera muy eficaz de encontrar trabajo es por medio de la publicación de nuestro currículum en los bancos de empleos. Del mismo modo en que nosotros revisamos las listas de vacantes, los empleadores buscan en los archivos de solicitantes para encontrar personas que ocupen sus puestos disponibles.

Recuerda que la única manera en que tu hoja de vida llamará la atención de un empleador es como resultado de una búsqueda. De la misma manera en que las empresas utilizan palabras clave para atraer a los solicitantes a las descripciones de sus vacantes, nosotros tenemos que utilizar las palabras clave que buscarán los empleadores para destacar nuestras aptitudes laborales. El uso de puestos laborales está bien, pero es frecuente que sean demasiado generales o muy específicos para cada empresa. También es posible que generen tantos candidatos que nuestro currículum se pase por alto. Utiliza un puesto específico, no uno general.

Si utilizas la palabra *gerente*, tu currículum se confundirá con el de gerentes de todo tipo de categorías. Utiliza el nombre de puesto que mejor te describa: "gerente de control de producción" o "gerente de tienda de ropa para caballeros" o "gerente de capacitación y desarrollo".

Al publicar tu hoja de vida en la base de datos de un motor de búsqueda de empleos no es obligatorio que utilices el título de un puesto. Debido a que los empleos no se listan en orden alfabético de acuerdo con el puesto (como en el caso de las listas de anuncios clasificados en los periódicos), sino que se accede a ellos por medio de palabras clave, debes seleccionar una palabra o frase que es probable que las empresas consideren como descriptivas de la vacante que están tratando de llenar. En lugar de utilizar "científico informático", usa algo más específico como "diseñador de software" o "analista en sistemas financieros".

Incluye palabras clave que amplifiquen tu experiencia en el currículum, como "diseñé y desarrollé" o términos que indiquen conocimientos especiales. Un experto en cómputo podría listar los nombres de los programas o sistemas que utiliza; un gerente en recursos humanos podría indicar sus áreas principales de experiencia, como "negociaciones sindicales" o "desarrollo ejecutivo". Un ejecutivo de ventas podría querer destacar los mercados que abarca, como "principales cadenas de alimentos" o "plantas industriales". Una vez que la empresa elija tu currículum, se comunicará contigo por correo electrónico o teléfono. A menudo el representante de la empresa te pedirá más información, llevará a cabo una entrevista telefónica, o ambas, antes de decidir si extenderte una invitación. Antes de responder a cualquier pregunta ingresa al sitio web de la empresa y obtén la mayor cantidad de información que puedas. Esto te servirá para que te presentes de la manera más efectiva cuando entres en contacto con la compañía.

El mercado laboral es de oferta y demanda. Tú eres
el producto, pero hay miles iguales a ti. Haz
los ajustes correspondientes.

MEGAN PITTSLEY, coach laboral

Cómo responder a las ofertas de empleo

Otra fuente para buscar trabajos es dentro de los anuncios clasificados que aparecen en periódicos y revistas. Como en el caso de los puestos que se publican por internet, debido al enorme número de respuestas que generan estos anuncios, nuestra probabilidad de obtener el trabajo que deseamos es relativamente baja. No obstante, vale la pena leer estos anuncios y responder aquellos en los que los requisitos coincidan con nuestros antecedentes.

Todas las grandes ciudades, y muchas comunidades de menor tamaño, cuentan con al menos un periódico en donde se publican ofertas de empleo. Además, muchos periódicos imprimen anuncios en tipografía de mayor tamaño (anuncios destacados) para puestos ejecutivos y técnicos, que suelen aparecer en las secciones de finanzas o negocios.

Los anuncios en periódicos locales o de mayor tamaño en las ciudades son sólo una fuente para las ofertas de empleo. También hay publicaciones gremiales en cada industria, ocupación y profesión que cuentan con secciones de ofertas de empleo.

Por ejemplo, los ejecutivos y el personal administrativo hallarán que el *Wall Street Journal* es una maravillosa fuente de vacantes laborales. De la misma manera en que sucede con las listas de empleo en línea, muchos anuncios impresos no identifican la empresa que está publicando dicho anuncio. Más bien la identificación de cada compañía se hace mediante un apartado postal. Las empresas utilizan estos "anuncios ciegos" por diversas razones. En primer lugar, no quieren que su propio personal sepa que quizá estén pensando en reemplazar a alguien. También es posible que no deseen verse inundados de solicitudes. Además cabe la posibilidad de que deseen evitarse la incomodidad de verse presionados por amistades, familiares, clientes u otros para considerar y entrevistar a solicitantes no adecuados.

Si estás desempleado o estás buscando un puesto de manera abierta, responder a un anuncio ciego no representará mayor problema. Sin embargo, si te encuentras empleado al momento, debes de tener mucho cuidado al responder a estos anuncios, ya que bien podría tratarse de un anuncio publicado por tu propia empresa.

El mejor consejo es que evites responder a cualquier anuncio ciego que pudiera dar la impresión de haber sido publicado por tu empleador actual. Resulta evidente que no habrá peligro alguno si el puesto se encuentra en la industria del hule cuando trabajas en una fábrica cervecera. Si no puedes identificar el menos el área general en la que opera la compañía, responder el anuncio sería poco prudente.

Si la descripción del puesto identifica a la empresa, quedaremos libres de duda. Por lo general, una empresa "firmará" sus anuncios cuando desee atraer a las personas que conozcan la reputación de la compañía y cuando quiera que los candidatos respondan sin temer que se trate de la organización para la que trabajan.

Cuando respondas a cualquier tipo de anuncio (ciego o firmado) asegúrate de leer el texto con sumo cuidado. Determina qué es lo que está buscando la empresa. ¿Hay algo específico en tu formación que sea de especial pertinencia para lo que están buscando? Si tu hoja de vida no destaca estos factores, complementa lo que ya se encuentra en tu currículum con una carta de presentación que destaque tu experiencia anterior en las áreas de interés del empleador.

Tu carta de presentación debe ser breve, ajustarse a los requisitos del empleo, y tratar con cada uno de ellos punto por punto. Esto es de especial utilidad cuando los anuncios son muy específicos en cuanto a los requisitos de la empresa. El currículum que adjuntes contará el resto de tu historia.

Uso de agencias de trabajo

Con el fin de utilizar una agencia de empleo de manera eficaz, resulta útil comprender cómo es que laboran y lo que podemos hacer para obtener los mejores resultados a través de sus esfuerzos.

Una de las primeras cosas a determinar acerca de una agencia es si maneja el tipo de puesto en el que estás interesado. En pocas ocasiones será de utilidad entregar una solicitud de empleo con una agencia que rara vez o nunca publique puestos en nuestro campo o dentro de nuestro rango salarial.

Si encuentras una agencia que te parezca prometedora, visítala y determina si los miembros de su personal de veras comprenden tus necesidades y tienen la experiencia y los contactos para hacer el mejor trabajo posible en tu beneficio. En la agencia se te asignará un evaluador. Esta persona debe estar familiarizada con el mercado laboral y podrá darte una buena cantidad de información acerca de las posibilidades actuales en tu área. Él o ella deben revisar tu currículum y sugerir formas en que puede mejorarse (debes estar preparado para esto). Si eres un buen candidato para un puesto en específico, el evaluador puede sugerirte cómo personalizar tu hoja de vida para enfatizar los aspectos de tu experiencia que sean de mayor valor para algún empleador.

Para sacarle el mayor provecho a una agencia laboral:

- Sé absolutamente franco con el evaluador cuando discutas tus objetivos.
- Asegúrate de obtener su valoración de tu comerciabilidad.

- Ten en mente que el personal de este tipo de agencias tiene un conocimiento íntimo de los rangos de salarios y prestaciones, y suelen contar con esos mismos datos para áreas geográficas distintas a aquella en la que te encuentras.
- Mantente en contacto con tu evaluador en los intervalos acordados para que esté seguro de tu interés y disponibilidad continuos.
- Cuando se te canalice a un empleador potencial mantén a la agencia informada de tu progreso. Esto es de especial importancia en una situación en la que estés programado para un número de entrevistas antes de que la empresa esté lista para hacerte alguna oferta. En estos casos, en virtud de estar en contacto tanto con nosotros como con el empleador potencial, es la agencia quien podrá darnos recomendaciones e información adicionales que puedan resultar de valor entre cada entrevista.

¿Con cuántas agencias debemos trabajar? No es prudente que te limites a una sola, ni tampoco debes enviar tu hoja de vida a cada agencia disponible en tu ciudad. Es una buena idea que leas los anuncios clasificados de tu propia ciudad, así como los de otras áreas a las que estarías dispuesto a mudarte. Incluso si ninguna vacante específica se ajusta a tus necesidades, si las agencias de empleo tienen ofertas en tu área general de interés, vale la pena comunicarse con ellas.

A menudo los empleadores potenciales, amistades de negocios y ejecutivos de personal (dentro de empresas que tienen tratos con agencias) pueden sugerirte las mejores agencias con las que puedes comunicarte. Obtén el mejor consejo que puedas en cuanto a las agencias que trabajan más arduamente y son las más eficaces. ¡Eso te ahorrará mucho tiempo!

Los mismos consejos que se aplican a los servicios particulares de empleo también funcionan bien al dar a conocer que estamos disponibles en sociedades técnicas y profesionales, bolsas de trabajo para exalumnos y otras organizaciones que puedan recomendar a personas en busca de trabajo.

Cómo lograr que te descubran los reclutadores ejecutivos

Si estás buscando un puesto con un sueldo superior a los 100 000 dólares al año, los reclutadores ejecutivos son otro buen recurso. Estos profesionales se distinguen de las agencias de empleo en cuanto a que trabajan de manera exclusiva para los empleadores y tienden a laborar con individuos en áreas o industrias específicas. Los reclutadores ejecutivos rara vez anuncian sus vacantes. De manera típica, investigan un campo para identificar a los candidatos adecuados y se comunican con ellos de manera directa. La mayoría de las personas contratadas a través de esta técnica se encuentran ya empleadas al momento, e incluso es posible que ni siquiera estén pensando en cambiar de profesión o de puesto cuando se comunican con ellos. Estos reclutadores no ayudan a los candidatos a buscar empleo; de hecho, eso resultaría contraproducente para ellos.

Una de las mejores y más sencillas fuentes de estos reclutadores son sus propias bases de datos, por lo que resulta recomendable enviarles tu hoja de vida a aquellos que se dediquen a tus áreas de interés. Escríbeles una breve carta en la que especifiques tus requisitos salariales, tu disposición a reubicarte y otros datos pertinentes. Es posible que algunos de estos reclutadores te extiendan una invitación para entrevistarte, pero la mayoría sólo archivará tu información para su uso posterior. En la actualidad es mucho más probable que te pidan que envíes tu currículum por medios electrónicos para tenerlo en sus bases de datos. Si por casualidad tu archivo aparece durante alguna de sus búsquedas, se comunicarán contigo.

Lo más seguro es que hacer una llamada telefónica a un reclutador ejecutivo resulte ser una pérdida de tiempo. La única excepción a esta regla general sería si el reclutador está dispuesto a reunirse con nosotros como cortesía con algún colega mutuo o con alguna empresa, como un empleador anterior. Este tipo de entrevista podría aumentar un poco nuestras probabilidades de que se nos considere en una de sus búsquedas actuales o futuras. Hoy en día la mayoría de las empresas cuenta con una base de datos centralizada donde se localizan notas referentes a todos sus asociados. Si, en efecto, un reclutador termina por reunirse con nosotros y piensa que somos buenos candidatos, hará alguna anotación en nuestro archivo y subiremos a una mayor categoría de prioridad.

Una forma de comunicarse con estos reclutadores es enviándoles tu hoja de vida. Por ejemplo, visita el sitio web de Custom Databanks, Inc., www.customdatabanks.com, pulsa el vínculo Send Your Resumé to Recruiters (Envía tu currículum a reclutadores) y sigue las instrucciones en pantalla para completar el proceso. También puedes encontrar reclutadores en internet o si accedes a algún directorio en tu biblioteca local. Por lo general, los directorios de reclutadores están divididos de acuerdo con su función, industria y área geográfica.

> *La persona que llega más lejos suele ser aquella que está dispuesta a hacer y a atreverse. El barco de las cosas seguras jamás se aleja mucho de puerto.*
> DALE CARNEGIE

Servicios de orientación laboral

No confundas los servicios de orientación laboral con los reclutadores ejecutivos. Si lo llegas a hacer, no sería por accidente, ya que sus anuncios dan la impresión de que son reclutadores. Sin embargo, este tipo de organización es muy diferente. En primer lugar, los servicios de orientación laboral cobran una cuota a quien está en busca de un empleo. Por esa cuota ofrecen consejos acerca de cómo llevar a cabo la búsqueda de empleo. Sus servicios pueden incluir una evaluación de los antecedentes educativos y laborales, redacción de un currículum de aspecto más profesional, preparación de campañas de correo directo y muchos otros elementos. No existe ninguna garantía de que su participación en tu búsqueda laboral lleve a una colocación efectiva. No pueden ofrecer ninguna promesa a cambio del pago. Sus cuotas varían desde varios cientos de dólares a varios miles, dependiendo de los servicios contratados. Casi todo lo que ofrecen lo puedes hacer por ti mismo siguiendo las pautas que se ofrecen en este libro.

Servicios de reinserción laboral

Además de ayudar a individuos que están buscando un nuevo empleo por sí mismos, los orientadores laborales también trabajan para empleadores que quieren ayudar a sus empleados despedidos a encontrar un nuevo trabajo. Dado que la empresa es la que paga por sus servicios, el solicitante debería aprovecharlos. Pueden ser muy útiles para colocarte en el camino correcto en tu búsqueda laboral, pero no ofrecen garantía alguna de éxito, de modo que debes estar preparado a utilizar los demás recursos que ya se discutieron en esta sección.

Con el fin de progresar, y de lograr que te contraten, tienes que hacer algo de trabajo pesado. Si logras dividir los quehaceres complejos en labores más pequeñas, puedes iniciar, y terminar, con mayor velocidad.
KEVIN DONLIN, *Minneapolis Star Tribune*

Sondear internet en busca de prospectos laborales

Es casi seguro que la empresa que quizá nos contrate utilice búsquedas e investigaciones en línea con el fin de identificar a candidatos calificados para llenar sus vacantes de trabajo.

Uso de páginas web empresariales

Internet ha facilitado que los buscadores de empleo investiguen las empresas en las que podrían estar interesados en trabajar (y por ello lo han convertido en algo todavía más necesario). Es indispensable que visites el sitio web de la empresa, además de llevar a cabo una búsqueda más amplia en internet para analizar qué declaraciones positivas o negativas se han hecho respecto a la misma. Debes invertir una buena cantidad de tiempo para familiarizarte con sus productos o servicios y, por supuesto, con los tipos de empleos que ofrecen, así como con sus listas de vacantes actuales.

Una encuesta de 1 000 reclutadores corporativos encontró que la mayor parte invertía una parte significativa de sus recursos de reclutamiento en internet, algo que está aumentando de manera exponencial. Muchas empresas tienen sitios web especiales dedicados a vacantes laborales. Podemos llegar a ellos entrando al sitio web principal de la empresa y dando clic a sus listas de vacantes.

En su sitio web, la mayoría de las empresas proporciona información sustancial acerca de sus negocios y oportunidades. A diferencia de anunciarse en un periódico, sus ofertas no se encuentran junto a anuncios de otras compañías y no tienen la limitación de los requerimientos de espacio y formato de los anuncios impresos. Esto nos permite estudiar lo que la empresa tiene que ofrecer y lo que el empleo implica. Si se ajusta a nuestra formación y objetivos laborales, podemos comunicarnos de inmediato por correo electrónico o teléfono. Además podemos preparar un currículum especial que enfatice aquellos aspectos de nuestra experiencia que se ajusten a los requisitos del empleo. (Más acerca de cómo hacer esto en la discusión de currículums y cartas de presentación del capítulo 9.)

Incluso si no existe una vacante al momento, podemos ingresar la información pertinente en nuestro archivo de recursos como referencia a futuro.

Uso de redes sociales

En la última década las redes sociales se han convertido en parte integral de nuestra vida cotidiana. A causa de esto es imperativo que cualquier buscador de empleo las utilice como herramienta para ayudar a expandir su red de contactos profesionales e identificar oportunidades profesionales potenciales. Las redes sociales más efectivas para los buscadores profesionales son Facebook, LinkedIn y Twitter.

Si ya estás en Facebook, piensa en el número de amigos que tienes. ¿Cincuenta? ¿Cien? ¿Quinientos? Ahora piensa en el número de amigos que tiene cada una de tus amistades. Un simple cálculo te revelará que estás a dos grados de separación de miles de individuos. Aunque podamos clasificar a estas personas como "amigos", cada una de ellas puede sernos de ayuda en nuestra red de contactos profesionales. Empieza por medio de una revisión de tus amigos de Facebook y de las conexiones que puedan tener; quizá alguno de tus amigos cuente con un familiar que trabaja en nuestro mismo campo o tenga una amistad que trabaja en la empresa donde estamos solicitando un empleo. Un simple y sincero mensaje de Facebook dirigido a ese individuo puede conducir a una recomendación directa para el puesto y ayudar a que nuestra hoja de vida ascienda al tope del montón para su consideración.

De la misma manera en que resulta frecuente que Facebook sea nuestro hogar personal en línea, podríamos considerar que LinkedIn es su versión profesional. Si todavía no tienes uno, inscríbete hoy mismo y crea un perfil en línea. Esto es de especial importancia si estás iniciando una búsqueda de trabajo o si ya la estás llevando a cabo. Tu perfil de LinkedIn es, en esencia, tu currículum profesional en línea; uno con el que pueden conectarse empleadores potenciales a su conveniencia. (Por cierto, debes incluir el vínculo a tu perfil de LinkedIn en tu hoja de vida impresa.) Una vez que termines tu perfil puedes empezar a conectarte con las personas con las que hayas trabajado o estudiado en el pasado. Al crear un grupo de conexiones el servicio mismo te sugerirá contactos nuevos. Debes tener una justificación para incluir cada contacto con el fin de que te resulte significativo. Antes de que pase mucho tiempo notarás que tienes una conexión cercana con cientos, si no es que miles de individuos en tu mismo campo, y podrás identificar en qué organizaciones trabajan y quién más trabaja en las mismas. Muchos empleadores también publican ofertas de empleo en LinkedIn a través de la sección de trabajos o de la página de su propia organización, con todo y noticias, un tablero de discusiones y analíticas relacionadas con los empleados de la organización, que son recursos excelentes para tus investigaciones.

Twitter también es una importante herramienta social. Considéralo como un microblog, o una sección personal de noticias. Esta sección consiste de actualizaciones de 280 caracteres (o menos) de parte de las personas o grupos a los que sigues. Una vez que empieces a tuitear, diferentes personas empezarán a seguirte. Si utilizas Twitter de manera profesional, las personas en tu campo notarán lo que estás diciendo y podrás mantenerte al tanto de temas en tu ramo profesional, incluyendo vínculos a vacantes y otras oportunidades de desarrollo profesional. Una función primordial de Twitter es el *hashtag*, #. Si estás interesado en noticias de mercadotecnia busca el *hashtag* #marketing y verás actualizaciones de lo que es tendencia en el área. Puedes hacer lo mismo para #trabajosdemarketing, #trabajoseneducación, #trabajosdeingeniería y así sucesivamente.

Utilizar las redes sociales es sólo una parte de nuestra estrategia de búsqueda de empleo. El desarrollo profesional es un proceso continuo de comercializar nuestras capacidades y habilidades, hacer conexiones significativas, e identificar oportunidades profesionales de manera estratégica. Lo mejor es hacer evaluaciones frecuentes y reflexionar acerca del proceso para que podamos alterarlo según se necesite. Con las velocidades a las que corre el mundo laboral en estos tiempos dinámicos, un uso eficaz de las redes sociales nos ayudará a adelantarnos a los acontecimientos y mantenernos informados, y a posicionarnos de manera óptima para alcanzar el éxito profesional.

Advertencia: aunque podemos limitar el número de personas que pueden ver nuestra página de Facebook y similares, lo más recomendable es suponer que cualquiera pueda acceder a lo que sea que publiquemos en un sitio de redes sociales. Cuídate de nunca escribir o publicar algo que no quieras que vea un empleador potencial.

Creación de una red de contactos o cómo descubrir el mercado laboral oculto

> *El esclavo no tiene más que un amo, pero el hombre*
> *ambicioso tiene tantos como personas cuya ayuda*
> *pueda contribuir al avance de su destino.*
> JEAN DE LA BRUYÈRE, ensayista francés

Muchos de los empleos más deseables no los conocen las agencias ni los reclutadores. Por lo general, los reclutadores manejan apenas un pequeño porcentaje del número total de los puestos que se ocupan en cualquier año dado. La mayoría de los empleos se cubre por medio de la propagación de boca en boca. En ocasiones las empresas no buscan candidatos de manera activa, sino que expresan interés por considerar a personas que puedan ajustarse a sus necesidades actuales o futuras. Es posible que haya compañías que estén buscando expandirse o reorganizarse y que, aunque no están buscando empleados de manera activa, entrevistan y contratan a personas calificadas que alguien más les recomienda. En algunos casos, si una organización encuentra a alguien que de veras le interesa, crea un empleo o modifica uno existente para atraer a dicha persona a su empresa.

Cuando un empleador tiene un puesto particularmente deseable que desea llenar, es posible que trate de hacerlo de la misma manera en que cualquiera de nosotros buscaría a un buen dentista, mecánico o abogado; pide recomendaciones a sus amigos o colegas.

Al construir una red de contactos de personas dispuestas a recomendarnos o aconsejarnos, podemos crear un recurso que nadie más tiene. El valor de generar una red de contactos es que su alcance es ilimitado. Cada persona en nuestra lista es una fuente de personas adicionales con las que podemos comunicarnos. A medida que nuestra lista crece, también lo hacen nuestras posibilidades de encontrar un empleo a través de este invaluable recurso. A menudo nuestra red de contactos descubre un puesto que de otra manera no tendríamos forma de conocer.

Cómo aumentar nuestra red de contactos

Existen muchas formas para aumentar nuestra red de contactos. Si deseamos limitar nuestra búsqueda a un mercado específico, podemos elegir concentrarnos en la industria que nos interesa. Si deseamos quedarnos o mudarnos a una localización en particular, debemos desarrollar una red de contactos en dicha área. Mientras más flexibles seamos tendremos posibilidades más amplias.

Algunos recursos a explorar son:

- **Amistades:** muchas de nuestras amistades y de nuestros conocidos tienen contactos que nos serían de utilidad en nuestra búsqueda, incluso si no están conectados en ningún sentido con la industria que nos interesa. Por ejemplo, nuestro dentista o médico pueden tener pacientes que trabajan en el área en la que estamos buscando empleo y que constituirían verdaderos activos en nuestra red de contactos.

- **Asociados de negocios:** al paso de los años hemos conocido a infinidad de hombres y mujeres dentro de nuestras actividades de negocios. Eso incluye a todos los representantes de ventas que visitan las empresas que quizá tengan vacantes en nuestro campo, competidores, clientes, proveedores, técnicos de servicio y más. Por supuesto, si estamos empleados en este momento debemos estar seguros de no poner nuestro trabajo actual en riesgo al expresar nuestro deseo de obtener un trabajo nuevo.

- **Periódicos:** lee la sección de negocios del periódico. Es frecuente que los artículos noticiosos incluyan los nombres y empresas de personas que podrían ser prospectos o que podrían ofrecernos recomendaciones de empleo.

- **Publicaciones de negocios:** las publicaciones gremiales y los boletines informativos dentro de nuestro campo de interés son fuentes excelentes de nombres e información de contacto de empleadores potenciales.

- **Asociaciones gremiales y profesionales:** si pertenecemos a asociaciones que sean pertinentes, podemos sondear sus listas de miembros para aumentar nuestra red de contactos.

- **Asociaciones de exalumnos:** a menudo los graduados de la universidad en la que estudiamos harán un esfuerzo especial por nosotros.

- **Organizaciones sin fines de lucro:** los grupos comunitarios o religiosos, las fundaciones caritativas y otras organizaciones sin fines de lucro son excelentes sitios donde encontrar contactos para nuestras redes.

- **Redes sociales:** como discutimos antes en este mismo capítulo, Facebook, LinkedIn, Twitter y otras redes sociales similares están diseñadas para crear redes de contactos.

> *Todo el mundo es un contacto,*
> *sea ahora mismo o en el futuro,*
> *de modo que jamás quemes tus naves.*
> SUSAN B. JOYCE,
> coach de trayectoria profesional

Cómo administrar tu archivo de red de contactos

Jamás es demasiado pronto ni demasiado tarde para iniciar un archivo de tu red de contactos. Muchos hombres y mujeres jóvenes con mentalidad profesional empiezan a elaborar su archivo de red de contactos mientras todavía se encuentran en la universidad. Si aún no cuentas con uno, empieza de inmediato. El archivo de red de contactos puede tomar muchas formas. Entre ellas:

- **Programas de cómputo:** existen incontables programas disponibles que pueden facilitar el acceso a tu red de contactos. Si utilizas una Mac puedes usar la aplicación de Libreta de direcciones que viene instalada en tu equipo. Debido a que la mayor parte de la actividad con nuestra red de contactos sucederá en línea, lo más fácil es que tengamos nuestros archivos en el disco duro. No obstante, existen otros métodos que funcionan igual de bien y los analizaremos adelante.
- **Tarjetas de presentación:** guardar tarjetas de presentación es un enfoque sencillo, pero puede ser un poco difícil de manejar. Siempre que te sea posible, ten las tarjetas archivadas de forma sistemática. La ventaja evidente de guardar las tarjetas de presentación es que

el nombre de la persona, su título o puesto, el nombre y dirección de su empresa, sus números de teléfono y su dirección de correo electrónico se proporcionan con absoluta claridad. En el reverso de la tarjeta escribe cualquier información pertinente, como alguna circunstancia que te ayude a recordar a la persona. Ten en cuenta que en la actualidad hay escáneres especiales que tienen la capacidad de copiar la información de la tarjeta directamente a tu computadora.

- **Rolodex u otro sistema similar:** algunos ejecutivos de negocios consideran que este tipo de sistema giratorio es esencial para sus tratos y colocan todos sus contactos empresariales en este tipo de archivero. Puedes desarrollar un Rolodex o archivo de tarjetas especial para tu red de contactos, aparte del que utilices para tus contactos de negocios habituales. La información debe ser similar a la que recomendamos para el archivo de tarjetas de presentación, pero este método podría serte todavía más conveniente.

- **Indexación cruzada de tu archivo:** el problema principal con los sistemas de tarjetas de presentación o Rolodex es que suelen archivarse en orden alfabético. Esto es perfecto cuando queremos encontrar a un individuo específico cuyo nombre recordamos, pero es difícil de utilizar si no estamos del todo seguros del nombre. Un sistema de tarjetas con índice cruzado nos permite clasificar nuestros contactos y localizar a las personas de esa manera. Existen diversos programas de cómputo disponibles que pueden organizar y clasificar nuestras listas.

Cómo utilizar tu red de contactos

Ahora veamos cómo podría utilizarse la red de contactos en una situación más real. A Jane Ross, gerente de recursos humanos de la Dimple Dolls Company, se le pidió que diera una conferencia durante una de las reuniones de los FOB (Family-Owned Business); una organización de hombres y mujeres jóvenes que trabajan en empresas que son propiedad de sus familias o que están controladas por las mismas. Durante la comida que se sostuvo antes de su charla se sentó junto a Scott Rice.

Scott Rice es vicepresidente de operaciones de Fiber-Mold, Inc., una empresa que elabora moldes personalizados de plástico. Janet se enteró de que dicha empresa era un importante productor de las cañas para bolígrafos.

Inmediatamente después de la reunión elaboró una tarjeta para él (además de otras para las demás personas a las que conoció). Hizo una indexación cruzada y colocó su información tanto en "plásticos" como en "dueños de empresas". Su tarjeta o entrada en la computadora se veía más o menos así:

Categoría: Plásticos
Empresa: Fiber-Mold, Inc.
Contacto: Rice, Scott; VP Operaciones
Dirección: 24 Dove Place, Farmingdale, NY 11404
Teléfono: (631) 777-9876
Cómo lo conozco: lo conocí en la reunión de los FOB el 20 de enero de 2012
Comentarios: Su empresa fabrica cañas para bolígrafos. Su padre fundó la compañía y sigue activo en la misma. Scott está programado para ascender cuando su padre se jubile en algunos años. Administra las operaciones manufactureras. Discutimos los problemas de la gestión de equipos.

Activo en asociaciones del gremio de los plásticos, en la Cámara de Comercio de Long Island y en la división local del Sierra Club.

Casado, tres hijos. Pescador de aguas profundas. Le gusta acampar con su familia.

Cualquier otro contacto o información adicional puede añadirse al archivo.

Jane no tuvo necesidad de comunicarse con Scott sino hasta un año después, cuando decidió hacer un cambio en su trayectoria profesional. Cuando le habló, le recordó la última vez que se habían visto.

JANE: Scott, habla Jane Ross, de Dimple Dolls. Nos conocimos hace como un año, en enero, cuando di una charla acerca de técnicas de supervisión en la reunión de los FOB.

SCOTT: ¡Te recuerdo perfectamente! Implementé varias de las ideas que planteaste y me han funcionado de maravilla.

JANE: ¡Qué gusto que te hayan sido de utilidad! ¿Has ido a pescar recientemente?

SCOTT: De hecho, acabo de regresar de unas vacaciones de tres días en Montauk Point. Pesqué algo de atún y de pez vela; gracias por preguntar. ¿Qué puedo hacer por ti, Jane?

JANE: Resulta que Dimple Dolls fue adquirido por Giant Toys. El trabajo relacionado con RH va a pasar a control de Giant, de modo que mi puesto va a desaparecer. Me gustaría reunirme contigo para discutir mis oportunidades profesionales a futuro.

Acordaron reunirse la semana siguiente. Aunque Scott no tenía un empleo que ofrecerle a Jane, le hizo muchas sugerencias valiosas para mejorar su currículum. Ella le agradeció la oportunidad de reunirse y le preguntó: "¿Conoces a alguien que pudiera ayudarme a buscar un nuevo trabajo?" Ésta es una pregunta que debes hacer después de cualquier entrevista con algún contacto de tu red.

Así es como amplías tus contactos y fortaleces tu red.

Scott recomendó a Jane con Bill Vance, dueño de una gran empresa transportista. Le dijo a Jane: "Lo más seguro es que Bill no tenga un trabajo que ofrecerte en tu campo, pero su empresa les da servicio a docenas de empresas manufactureras en el área, y es más que posible que sepa de alguien que pueda representar una oportunidad para ti".

La carta de seguimiento

Los buenos creadores de redes de contactos *dan seguimiento a cada uno de ellos* con una breve carta de agradecimiento, den o no un prospecto como resultado. Si la conexión se hizo vía telefónica y no le enviamos un currículum a la persona con la que hablamos, podemos incluir uno junto con la carta de agradecimiento. Una carta o nota enviada por correo físico ofrece un toque especial, pero la mayoría de las veces un breve correo electrónico es más que adecuado. Jane escribió:

Estimado Scott,
Mil gracias por el tiempo que te tomaste de tu ocupado día para que nos reuniéramos el martes pasado. No sabes cuánto te agradezco que me hayas contactado con Bill Vance. Le hablé y me enteré de que está fuera de la ciudad, pero que regresará para la semana entrante. Le volveré a marcar.

Hice los cambios que sugeriste a mi currículum; te adjunto un ejemplar del mismo. Te agradezco cualquier idea adicional que pudieras tener.

Sinceramente,
Jane R. Ross

Después, Jane hizo los siguientes cambios a la información en el archivo de Scott:

6/08/13: Hablé para pedir una cita para discutir mis oportunidades profesionales.
8/08/13: Me reuní con él. Recibí excelentes recomendaciones y un contacto con Bill Vance de Vance Truckers.
9/08/13: Envié una carta de agradecimiento.

9/08/13: Llamada a Bill Vance, fuera de la ciudad; regresa el 16/08.

La creación de una red de contactos no se limita a las búsquedas de empleo. Podemos utilizar nuestra red para cualquier pregunta de negocios, como en caso de que necesitemos alguna recomendación cuando estemos en busca de personal, para verificar referencias, o para cualquier otro tipo de situación en la que otros puedan darnos información que necesitamos sin reservas. La creación de una red de contactos es invaluable y es un asunto serio que bien merece nuestra más cercana atención y nuestro muy valioso tiempo.

Es esencial que lleves un registro de cada contacto. Es posible que no le hables a una de las personas en tu lista por meses o, incluso, años, pero si vuelves a establecer contacto con ellos después de un periodo prolongado hacer referencia a la última discusión que sostuvieron o, incluso, a la primera vez que se conocieron puede romper el hielo y ayudar a establecer un *rapport* de nuevo.

Algunos de los mejores recursos en nuestros archivos son las personas que, por la naturaleza misma de su trabajo, cuentan con un número elevado de contactos. Por ejemplo, presta especial atención a funcionarios de asociaciones gremiales y profesionales, a editores de publicaciones gremiales, a banqueros en tu comunidad, líderes políticos e individuos en situación similar. Estas personas son núcleos de influencia. Marca sus archivos con una estrella. Deben estar entre las primeras personas con las que te comuniques si estás buscando llenar una vacante.

Síntesis y esencia

1. Cambiar de empleo de manera voluntaria es una cuestión seria y no debe tomarse a la ligera.
2. Considera tu búsqueda de empleo como una campaña de ventas en la que el producto que estás comercializando es tu capacidad para serle de valor a tu empleador potencial.
3. El primer paso en tu búsqueda laboral es hacer un repaso de todos tus antecedentes y crear un inventario de tus logros. Esto será un recurso para tu currículum, para discutir tu formación con las personas en tu red de contactos y responder a las preguntas que muy posiblemente te planteen en entrevistas.
4. Al hacer la lista de tu experiencia laboral en cada uno de tus trabajos incluye:
   * Obligaciones básicas.
   * Responsabilidades en la gestión de personas (número, categorías de empleo, nivel en la jerarquía gerencial, coordinación de equipos, contrataciones y despidos, etcétera).
   * Responsabilidades en el manejo de dinero, materiales, métodos u otras actividades especiales.
   * Logros principales en tu empleo. Indica resultados en términos de dinero ahorrado, aumentos en ganancias, tiempo que no se desperdició, mercados expandidos, etcétera.
   * Lo que más te gustó de ese trabajo y por qué.
   * Lo que menos te gustó de ese trabajo y por qué. (Esta información es para nuestros propios propósitos y reflexiones. No es recomendable contarles a otras personas cosas negativas acerca de tus empleadores anteriores, ni acerca de tus experiencias laborales con tales empleadores.)

5. Las fuentes que deberíamos utilizar pueden incluir:
   * Sitios de trabajos en internet
   * Anuncios clasificados en periódicos y publicaciones gremiales
   * Agencias de empleos
   * Reclutadores ejecutivos
   * Orientadores laborales
   * Redes sociales
   * Red de contactos
6. Al desarrollar una red de contactos con personas que puedan ayudarnos estamos creando un recurso individualizado. El valor de la red de contactos es que tiene un potencial ilimitado.
7. Jamás es demasiado temprano, ni demasiado tarde, para iniciar un archivo de contactos. Después de conocer o conversar con uno de los contactos de tu red siempre envíale una carta de agradecimiento. Esto muestra tu profesionalismo, te da la posibilidad de recapitular lo que se discutió y te ofrece la oportunidad de enviarle tu hoja de vida a la persona en caso de que no cuente con ella.

CAPÍTULO 9

CÓMO BUSCAR UN NUEVO EMPLEO: EL CURRÍCULUM Y LA ENTREVISTA

Los componentes esenciales para encontrar un nuevo empleo son:

- Tu currículum
- La entrevista de trabajo

Tu currículum

Tu hoja de vida es uno de los elementos esenciales en tu búsqueda profesional. Es el vehículo que debes utilizar para darle a tu empleador potencial una primera impresión de ti mismo. Puede ser la única oportunidad que tengas para conseguir una entrevista. Si el empleador no queda impresionado con tu currículum, lo más seguro es que no tengas la oportunidad de conocerlo para presentarle tus competencias y ¡venderte a ti mismo!

El currículum es una exposición breve de tu educación, experiencia y antecedentes generales que les ofreces a tus empleadores potenciales. Lo utilizamos cuando respondemos a una oferta de empleo, lo enviamos a agencias de empleo o reclutadores, lo empleamos como herramienta en la ampliación de nuestra red de contactos, o todas las anteriores.

La hoja de vida es nuestra campaña publicitaria. Debe destacar nuestras fortalezas y minimizar nuestras limitaciones. A menos de que exista algo que emocione al lector sobre esas hojas de papel, jamás se dará la importantísima entrevista.

Tienes que acentuar lo positivo,
eliminar lo negativo y
afianzarte a lo afirmativo.
JOHNNY MERCER

Prepárate para escribir tu currículum

Antes de que escribas tu currículum debes hacer un análisis cuidadoso de la totalidad de tus antecedentes, con énfasis en los logros que hayas tenido hasta el momento en tu trayectoria profesional.

Limitarte a incluir una descripción de tu trabajo no basta. La mayoría de las personas que están compitiendo contigo para obtener el mismo empleo tendrán una experiencia similar. Necesitas enfatizar tus logros. Eso es lo que hará que destaques de entre los demás que están bajo consideración para el mismo puesto. Sé específico. A continuación algunos ejemplos:

- "Reduje la rotación de personal de mi departamento en 18 por ciento."
- "Establecí un sistema que duplicó la velocidad de respuesta a las dudas de nuestros clientes."
- "Asumí la dirección de una región de ventas que había mostrado pérdidas durante los tres años anteriores y la convertí en la región de mayores ventas de la empresa en el transcurso de un solo año."
- "Renegocié la cobertura de seguros de la compañía y le ahorré 130 000 dólares anuales en primas."

Utiliza palabras clave

Escribe tu hoja de vida para que se ajuste a los requisitos del trabajo que estás buscando. Si estás solicitando un trabajo que viste en los clasificados analiza el anuncio con detenimiento. Si es un trabajo que te recomendaron obtén la mayor información que puedas del mismo de la agencia o persona que te lo recomendó. Ajusta tu currículum a esas especificaciones.

Por ejemplo, si el empleo requiere de habilidades determinadas tales como "diseño infográfico", asegúrate de que esa frase específica aparezca en un sitio prominente del currículum, incluso si tu experiencia en el área es mínima.

Debido a que es frecuente que los empleadores reciban docenas o, incluso, cientos de currículums, lo más probable es que el responsable de leerlos les eche un vistazo superficial en busca de dichas palabras clave. Si el currículum se envía por correo electrónico o algún otro medio informático, es posible que el empleador utilice las características de búsqueda de su sistema o programa de procesamiento de textos para buscar las palabras clave específicas que se colocaron en sus anuncios y, si no las halla, el currículum será descontado de inmediato.

> *Personaliza tu hoja de vida para el trabajo específico.*
> *Uno de los errores más grandes es enviar*
> *un currículum genérico.*
> JAMES P. NOLAN, gerente de recursos humanos

Las 10 cosas que jamás debes hacer en una hoja de vida

1. *No escribas un currículum demasiado largo.* Un currículum no debe ser una autobiografía. Enfatiza las áreas principales de tu formación que te ayuden a obtener una entrevista. Recuerda, tu empleador potencial tiene el tiempo limitado. Lo más seguro es que lea aquellas

hojas de vida que sean claras y concisas. La mayoría de los currículums no deben ser de más de una página; dos es adecuado para aquellas personas que cuenten con una amplia experiencia y tres es el límite absoluto en caso de que cuentes con logros verdaderamente significativos.

2. *No escribas un currículum demasiado vago.* Los nombres, fechas y puestos no bastan. Ofrece la información suficiente de tus antecedentes para darle a tu lector una buena idea de por qué vale la pena que se te considere seriamente para el empleo. No supongas que si el empleador requiere de mayor información se comunicará contigo para obtenerla. Si otras personas en busca del mismo empleo ofrecieron información más detallada, lo más seguro es que te pasen por alto. Asegúrate de incluir logros significativos.

3. *No seas negativo.* No cabe duda de que los antecedentes de cualquier persona incluirán aspectos negativos y positivos. Sin embargo, evita lo negativo o lo que podría considerarse como tal. Por lo general, deberías *omitir* los siguientes tipos de información de tu currículum:

    ◆ **Datos personales como edad, sexo y estado civil.** (Las leyes relacionadas con los derechos civiles prohíben que se pida este tipo de información.)

    ◆ **Estatura y peso.** Las personas nos juzgarán con base en estos datos. Ser bajo o alto, gordo o flaco, no tiene nada que ver con nuestras capacidades. Claro que se enterarán de ello cuando nos entrevisten, pero lo que piensen de nuestra apariencia se tomará en cuenta dentro del contexto de nuestra personalidad como un todo y de nuestra experiencia, no de lo que perciban a través de los ojos de estas simples "estadísticas vitales".

    ◆ **Razones para abandonar empleos anteriores.** Aunque los empleadores tienen derecho a saber por qué abandonamos un empleo, lo mejor es discutirlo durante la entrevista. Excepto en casos más que evidentes, como "la empresa dejó de existir", suele haber más trasfondo de lo que se puede comunicar en unas pocas palabras. De hecho, cuando hay muy poca información puede resultar en una interpretación negativa. Además ten en mente que si afirmas que quieres cambiar de trabajo con el fin de progresar puede interpretarse en el sentido de que no somos lo bastante capaces como para progresar en nuestro empleo actual.

+ **Información salarial**. Dado que las demandas salariales pueden variar con cada trabajo, la localización u otros factores, lo mejor es no incluir nuestras expectativas de sueldo en el currículum.

+ **Fotografía**. Sin importar lo buena que sea la fotografía, le permitirá al empleador prospectivo formarse una impresión de nosotros sin que nos haya visto en persona. A muchos candidatos se les ha negado una entrevista a causa de estas preconcepciones. Por ejemplo, a un solicitante muy apuesto no se le invitó a acudir para una entrevista porque el empleador sintió que tenía "cara de niño".

4. *No listes referencias*. La mayoría de los entrevistadores te pedirán alguna referencia si están interesados en ti. Listarlas en el currículum te restará espacio que puedes utilizar para destacar aspectos más importantes de tu formación. Debes preparar una lista de referencias que puedas proporcionar en caso de que te la pidan. Una excepción es cuando nuestras referencias son personas muy bien conocidas y respetadas en el medio. En ese caso, incluirlas en el currículum puede potenciar nuestras credenciales. Siempre obtén la autorización de la persona que vaya a darte una referencia antes de listarla en tu currículum.

5. *No identifiques el puesto específico que deseas.* Si lo que esperas es un empleo como jefe de ingeniería química, pero considerarías *otros* puestos interesantes para los que estás capacitado, titular el currículum con "jefe de ingeniería química" te eliminaría en automático de esas otras oportunidades.

6. *No inicies tu currículum con tu "Objetivo".* Los publicistas nos han enseñado que el énfasis debe colocarse en el "tú", no en el "yo". Para vendernos a un empleador debemos destacar lo que podemos hacer por él o ella, no lo que nosotros deseamos. En lugar de decir: "Mi objetivo es encontrar un trabajo desafiante e interesante", di: "Ofrezco 10 años de experiencia cada vez mayor en el diseño de software". Un énfasis exagerado en el "yo" se considera como reflejo de un trabajador inmaduro que tiene una mala ética de trabajo y una actitud igual de deficiente.

7. *No sólo actualices tu último currículum.* Cuando busques un nuevo puesto, reevalúa todos tus antecedentes y vuelve a redactar tu hoja de vida de manera acorde.

8. *No resaltes tu educación, ni le restes importancia.* La información relacionada con los antecedentes educativos debe enfatizar los aspectos de nuestra formación académica que sean más pertinentes para el puesto que deseamos ocupar. Las personas que hayan finalizado sus estudios de manera reciente deben darle mayor espacio a este aspecto que aquellos que hayan finalizado sus estudios desde hace tiempo. Si han pasado más de cinco años desde que terminaste tus estudios, sólo lista tu universidad, el título que obtuviste y tus acreditaciones profesionales. Si tomaste cursos o seminarios relacionados con tu ramo desde que terminaste tus estudios formales es buena idea que listes los más importantes.

9. *No arruines tu hoja de vida con errores de ortografía o gramática, o con un formato desorganizado.* Corrige, corrige y vuelve a corregir y, después, pide a alguien más en quien confías que revise tu documento y que te ofrezca su opinión al respecto.

10. *No insistas en utilizar un currículum que no te está dando resultados positivos.* Si tu hoja de vida no está generando entrevistas, no está funcionando.

> *Presta mucha atención a los requisitos específicos que el empleador está listando para el trabajo en cuestión, y asegúrate de que tu currículum o carta de presentación contengan esas palabras exactas.*
> GERRY CRISPIN, reclutador y autor

Cartas de solicitud

Existen dos enfoques básicos que puedes elegir al redactar tu carta de solicitud. El primero es que envíes tu hoja de vida con una breve carta de presentación. Éste es el enfoque más convencional y la mayoría de los empleadores esperará recibir ambos elementos. Otro enfoque es escribir una carta más detallada que se envíe en lugar del currículum. Aunque no se favorece este estilo de solicitud, vale la pena discutirlo como alternativa en algunas circunstancias. Cualquiera de ambos tipos puede enviarse impreso o a través del correo electrónico.

Cartas de presentación

Una carta de presentación podría acompañar al currículum en la siguiente situación: William Marshall es el gerente de compras de Skinner Steel Fabricators en Willets, Ohio. Charles Graham, uno de los miembros de su red de contactos, le sugirió que le enviara su currículum a Susan Randall, vicepresidenta ejecutiva de Standard Tools, Inc. Después de averiguar lo más que pudo acerca de la empresa por medio del señor Graham y de estudiar el sitio web de la compañía, ésta es la carta de presentación que adjuntó a su currículum:

Estimada vicepresidenta Randall:

Charles Graham me sugirió que me comunicara con usted en relación con algún puesto posible en su departamento de Compras.

Como seguramente sabe, mi empleador actual, Skinner Steel Fabricators, está a punto de fusionarse con Midwest Metals y todas las operaciones de compras se centralizarán en Midwest. Mi experiencia, como lo muestra el currículum adjunto, describe mis logros en la compra de acero y otras materias primas semejantes a las que se utilizan en Standard Tools. Estos antecedentes me harían un recurso valioso dentro de su equipo de compras.

¿Podría darme la oportunidad de discutir esto último con usted? Volveré a comunicarme la semana entrante para ver si es posible que nos reunamos.

Sinceramente,
William Marshall

Adjunto: currículum

Obsérvese que Marshall indicó de inmediato quién lo había recomendado. Después señaló las razones por las que la empresa de la destinataria podría tener un interés en él, además de pedir una reunión de manera directa.

No entró en detalle acerca de su historia laboral completa en la carta; eso es algo que logrará hacer el currículum adjunto. Cuando envíes una carta de este tipo sé breve y puntual. No es necesario repetir la totalidad de tu currículum en la carta. Pero asegúrate de destacar *alguna característica especial* que pudiera interesarle a la empresa ("mis logros en la compra de acero y otras materias primas semejantes a las que se utilizan en Standard Tools"). Termina la carta pidiendo una entrevista y haz el seguimiento mediante una llamada telefónica. Esto puede requerir de una gran inversión de tiempo, pero si logras hablar con la persona específica aumentarás tus oportunidades de éxito de manera considerable.

Cartas detalladas

Algunas personas prefieren escribir una carta personal en la que describen sus capacidades en lugar de utilizar un currículum. Este tipo de carta puede enviarse a alguien a quien te hayan recomendado o, si no cuentas con una recomendación, a algún ejecutivo de la empresa que pudiera necesitar a una persona con nuestra experiencia.

¿A quién debes dirigir una carta de este tipo? En el caso de un puesto ejecutivo, escríbela al presidente o director general de la empresa; para un puesto de ventas, al gerente de ventas o de marketing; para un puesto de contaduría, al director financiero, y así sucesivamente.

En tu computadora puedes generar una carta personalizada para cada empresa que tengas en tu lista. A continuación un ejemplo de este tipo de carta. Observa la referencia que se hace al nombre de la empresa dentro de la carta.

42 Brewster Lane
Greenville, NY 12020
25 de enero de 2024

Sr. Andrew Carter
Director Ejecutivo
Blizzard Manufacturing Company
34 Jay Street
Schenectady, NY 12310

Estimado Sr. Carter,
¿Habrá algún puesto en la gerencia de Blizzard para un ejecutivo empresarial polifacético con amplia experiencia en todas las facetas de mercadotecnia, manufactura, relaciones laborales y finanzas?

Después de haber ascendido desde un puesto inicial en ventas hasta la vicepresidencia del mismo departamento para un importante fabricante de bienes no perecederos, se me nombró vicepresidente a cargo de operaciones y se me eligió como miembro de la Junta Directiva. Allí, reorganicé la división completa según las prácticas gerenciales más modernas, lo que derivó en un aumento significativo en la producción y en reducciones importantes en costos administrativos.

Mi lista de logros incluye:

- Conversión de controles manuales de producción a un programa informático.
- Establecimiento de controles funcionales de inventario.
- Negociación de contratos colectivos de trabajo que le ofrecieron a la empresa ventajas significativas sobre los contratos anteriores.
- Dirección de ventas de campo a nivel nacional.
- Contratación y capacitación del personal de ventas, de supervisión y técnico.
- Desarrollo de un programa de análisis y predicción de mercados.
- Coordinación del mercadeo, publicidad y comercialización de productos a través de canales al mayoreo, al menudeo y OEM.

Con más de 20 años de logros y éxitos, representaría una adición valiosa al equipo gerencial de Blizzard. ¿Puedo ofrecerle detalles adicionales o programar una entrevista a su conveniencia?

Sinceramente,
Charles S. Hawkins

Algunos solicitantes de empleo envían cientos de este tipo de cartas a las empresas en su campo profesional o industria. Por lo regular no suele ser redituable enviar cartas a una lista generalizada de empresas (por ejemplo, de la lista Fortune 500). Es común que las empresas de este calibre reciban tantas cartas no solicitadas que suelen ignorarlas. Por otro lado, enviar cartas como la del señor Hawkins a una lista de empresas dentro de una industria específica y particular bien puede generar algunas respuestas más que prometedoras. No obstante, como regla general, no esperes resultados considerables de cualquier tipo de campaña de correo no solicitado. Si acaso logras obtener dos o tres entrevistas por cada 100 cartas que envíes, podrás considerarlo como un triunfo, de modo que no te desalientes por la baja tasa de respuestas. ¡Pero tampoco descartes este enfoque!

En términos generales, no vale la pena enviar cartas de seguimiento a las empresas con las que nos comunicamos por medio de correo directo. Si la primera carta no evocó una respuesta deseable, es casi seguro que un segundo intento tampoco tenga éxito. No obstante, si así lo deseas, puedes hacer un segundo intento en aquellas empresas de tu lista en las que tengas interés particular.

En ese caso haz una llamada telefónica a la persona a quien enviaste la carta original (alrededor de 10 días a dos semanas después de que tendría que haberla recibido). Pídele una entrevista a la persona sin que parezcas demasiado insistente o necesitado. De nuevo, son pocas las probabilidades de que te quieran conceder una entrevista si no se comunicaron contigo antes.

Tu currículum, carta de presentación, o ambas, pueden abrirte varias puertas. Al escribir ambos ten en mente que son tus artículos promocionales principales y que deben motivar al empleador potencial a invitarte a una entrevista.

La entrevista

La entrevista de trabajo es la fase principal del proceso de selección. Es en este momento en que se nos da una verdadera oportunidad para presentar nuestros argumentos al empleador prospectivo. Si no logramos generar una impresión favorable durante la primera entrevista, lo más seguro es que no se nos dé una segunda oportunidad.

La mayoría de las decisiones de contratación se toman después de varias entrevistas. Es posible que uno de los miembros del personal de Recursos Humanos lleve a cabo la primera entrevista para propósitos de exclusión. Sin embargo, las entrevistas subsiguientes suelen llevarse a cabo por parte del individuo o individuos con quienes trabajará el candidato. Es posible que veamos a una o más personas adicionales antes de que nos encontremos frente al decisor principal. Por lo general se tratará de la persona a quien nos reportaremos o el gerente del departamento en el que trabajaremos. Ten en cuenta que cada una de las entrevistas a las que acudas a lo largo del trayecto es importante porque, si no dejas una buena impresión en cada una de ellas, el proceso se detendrá y no lograrás llegar a ver a quien tome la decisión final. Muchos solicitantes fracasan porque se guardan sus mejores argumentos para el momento en que ven a este último decisor y, por ende, no logran convencer a los distintos entrevistadores a lo largo del proceso. Por subestimar la importancia de las primeras entrevistas pierden la oportunidad de reunirse con el jefe.

Nuestra oportunidad de conseguir el empleo que estamos buscando mejora de manera sustancial mediante una cuidadosa preparación antes de cada entrevista.

ARTHUR R. PELL,
consultor y autor en recursos humanos

Debes prepararte para cada entrevista con sumo cuidado. La primera es igual de importante que la última, y viceversa. Puede ser un error fatal suponer que se te contratará porque todas las personas a las que viste, incluso durante la entrevista final, te dieron la impresión de que eras perfecto para el puesto.

Hay entrevistadores que pueden darte la impresión de que la reunión con el jefe no es más que una presentación de rutina para que le "den carpetazo" a nuestra contratación. No caigas en el engaño. Una impresión negativa con un gerente de alto nivel inevitablemente ocasionará que se desapruebe la elección de un gerente de menor nivel.

Antes de cada nueva entrevista vuelve a reflexionar acerca de tu estrategia. Puedes aprender mucho de las entrevistas anteriores; acerca del tipo de pregunta que probablemente te planteen y de lo que más le importa a la empresa. Un análisis cuidadoso de las entrevistas anteriores puede ayudarte a estar preparado para la siguiente.

Para simplificar la discusión general en torno a las entrevistas utilizaremos la entrevista inicial como ejemplo. Debes prepararte para las entrevistas siguientes en la misma forma en que te prepares para la primera; por supuesto, debes incorporar los conocimientos que hayas adquirido en el camino en relación con la empresa, el puesto y las técnicas de entrevista que hayan favorecido los entrevistadores anteriores.

No debes presentarte a ninguna entrevista sin primero averiguar lo más que puedas acerca de lo que se desea y espera. En ese contexto, es igual de importante que repases tu propia formación en cuanto a lo que puedes ofrecer con el fin de que estés preparado para presentar tus fortalezas en forma positiva, pertinente y convincente durante tus entrevistas.

Los objetivos del empleador

En la mayoría de los casos el entrevistador habrá leído tu currículum, tu solicitud de empleo, o ambos, y ya conoce los puntos básicos de tu experiencia laboral anterior y de tu educación. En ese caso la entrevista de trabajo se utilizará para ampliar los breves datos que proporcionan la mayoría de las hojas de vida y solicitudes de empleo. Durante esta entrevista se buscará información adicional en cuanto a tus deberes y responsabilidades. En ocasiones el entrevistador no se habrá tomado el tiempo suficiente para hacer una revisión detallada de tus antecedentes, de modo que es bueno que estés preparado con un breve resumen de tu educación y experiencia (en especial en cuanto a la manera en que se relacionan con el puesto que estás solicitando).

Además de intentar averiguar lo más posible acerca de tus antecedentes laborales, el entrevistador estará igual de interesado en evaluar tus características personales. Entre las áreas que se evaluarán se encuentran tu actitud acerca del trabajo, tus empleadores pasados, tus superiores directos y tus subordinados. El entrevistador intentará determinar tus motivaciones internas, tus metas a corto y largo plazo, y lo que has hecho hasta el momento para alcanzar tus aspiraciones. También estará interesado en cómo manejaste problemas especiales en el trabajo y los resultados que hayas obtenido al resolver situaciones difíciles.

Cada puesto requiere de capacidades especiales que quizá se exploren durante la entrevista. Es posible que se te planteen preguntas diseñadas para valorar tu creatividad, tu ingenio, tu capacidad para vender ideas, la manera en que *te llevas con los demás*, tus fortalezas y debilidades, y tu potencial para crecer en sentido profesional. El entrevistador no sólo escuchará lo que estés diciendo, sino que también te evaluará con base en la forma en que lo dices, en lo que no estás diciendo y en todas las señales de lenguaje no verbal que proyectes. En pocas palabras, el entrevistador querrá averiguar lo más que pueda acerca de nuestra formación, características personales y personalidad durante la muy breve duración de la entrevista.

Nuestros objetivos

No sólo debemos estar alertas en cuanto a los objetivos del empleador cuando acudamos a una entrevista de trabajo, sino que también debemos tener en mente nuestro propio conjunto de objetivos —los resultados que deseamos obtener de la entrevista— antes de iniciar cualquiera de estas experiencias. Nuestro objetivo primordial es lograr que nos contraten. Para facilitarlo, nuestro principal objetivo secundario es dejarle una buena impresión personal al entrevistador. Recuerda el viejo dicho de que las primeras impresiones son las que más importan. Además, ten en cuenta que desde el primer instante en el que entras en una habitación todo acerca de ti se está evaluando y registrando en la mente de tu entrevistador. Sus impresiones pueden incluir todo, desde nuestra ropa, nuestra sonrisa y nuestro porte, hasta aquello que decimos. En otras palabras, "¡todo lo que puedas decir o hacer podrá tomarse a tu favor o en tu contra!"

Nuestro siguiente objetivo secundario es destacar nuestras fortalezas en cada una de las etapas de la experiencia que se esté discutiendo. Siempre minimiza tus debilidades. Para hacerlo de manera exitosa debes estar igual de enterado de tus debilidades que de tus puntos a favor, y ser igual de realista acerca de ambos. Si saliera a colación cualquiera de estas limitaciones, debes estar preparado para indicar cómo planeas mejorar en dichas áreas.

El más importante de nuestros objetivos secundarios es mantenernos al tanto de que lo más seguro es que existan diversos competidores para el puesto. Aunque no sepamos quiénes son y qué tienen que ofrecer, debemos poder presentar nuestros antecedentes de manera tan adecuada que siempre demos la impresión de ser mejores y más adecuados para el trabajo que cualquiera de nuestros oponentes.

Existen otros dos objetivos relacionados que debes tener en mente durante el proceso de entrevista. Uno es que debes estar seguro de que ésta sea la empresa correcta y el puesto correcto para ti. (El puesto incorrecto en la compañía correcta o el puesto correcto en la compañía incorrecta pueden tener consecuencias devastadoras.) El otro objetivo es preparar las bases para negociar el mejor trato posible en caso de que se te haga una oferta de empleo.

Con todas estas metas claras en tu mente, y con tus conocimientos de los objetivos de la empresa, estás listo para planear tu estrategia de entrevista. De nuevo, jamás asistas a una entrevista de trabajo sin prepararte de manera esmerada. Como discutimos antes en el presente capítulo, debes conseguir la mayor cantidad de información posible acerca de la empresa. Después, asegúrate de repasar tus propios antecedentes. Muchos entrevistados exitosos informan que hicieron listas de los aspectos destacados de su historia laboral con un énfasis especial en sus logros y que volvieron a leer esta lista antes de cada entrevista.

Para obtener los mejores resultados, practica. De ser posible, ensaya tus entrevistas de trabajo pidiéndole a un amigo u orientador laboral que haga el papel de entrevistador. Mientras más realistas sean estos ensayos, más confianza sentirás de ser capaz de manejar las tácticas más sutiles que se utilizan en las entrevistas reales. Otra forma de prepararte para las entrevistas de puestos que realmente quieras es aceptar las invitaciones que te haga quienquiera que desee entrevistarte, incluso si no estás del todo interesado en esa oportunidad. Estos encuentros de la vida real servirán para afinar tus habilidades de entrevista, para fortalecer tu autoconfianza y, en general, para hacerte más eficaz al enfrentarte a las entrevistas que de veras te sean importantes.

Planeación y preparación para la entrevista

1. Haz tu tarea. Investiga la industria, la organización y los individuos con quienes te estarás entrevistando.
2. Conoce el sitio que ocupa la organización dentro de la industria.
3. Prepara una respuesta breve para las preguntas de entrevista comunes, las difíciles y las desafiantes. Más adelante, en este mismo capítulo, te daremos ejemplos de algunas de ellas.
4. Debes prepararte tanto para entrevistas uno a uno como grupales.
5. Prepara ejemplos y evidencia específicos de los conocimientos, habilidades y actitud positiva con que cuentas.
6. Prepara preguntas para el entrevistador con el fin de demostrar tus conocimientos y entusiasmo de trabajar con su organización.
7. Practica con alguien a quien le tengas confianza para que te dé retroalimentación franca.

Cuando te pregunten si puedes hacer el trabajo, diles: "¡Claro que puedo!". Después, apúrate a averiguar cómo es que se hace.
THEODORE ROOSEVELT

Preguntas comunes en entrevistas

A continuación algunos ejemplos de preguntas que a menudo se hacen durante las entrevistas. Observa que todas son abiertas; no pueden responderse con una sola palabra.

- ¿Cómo te describirías?
- ¿Por qué dejaste tu trabajo anterior?
- ¿Qué te hizo elegir este tipo de trabajo?
- ¿Cuáles son tus metas a corto y largo plazo?
- ¿Qué tipo de reconocimientos y recompensas te son importantes?
- ¿Qué otras metas te has planteado aparte de las que se relacionan con tu ocupación?
- ¿Qué te ves haciendo dentro de cinco años?
- ¿Qué salario esperas ganar dentro de cinco años?
- ¿Puedes explicar este espacio vacío en tus antecedentes laborales?
- ¿Qué piensas acerca de trabajar a solas versus trabajar en un equipo?
- ¿Cómo trabajas bajo presión?
- ¿Cómo evaluarías tu capacidad para lidiar con los conflictos?
- ¿Alguna vez has tenido dificultades con algún supervisor? ¿Cómo resolviste el problema?
- ¿Cuáles consideras que son tus fortalezas y debilidades principales?
- ¿Cómo te describiría un buen amigo?
- Describe el mejor trabajo que hayas tenido.
- Describe al mejor supervisor que hayas tenido.
- ¿Qué diría tu último jefe acerca de tu desempeño laboral?
- ¿Por qué deberíamos contratarte?
- ¿Qué crees que se necesita para lograr el éxito en una organización como la nuestra?

- ¿Cómo crees que puedes contribuir a nuestra organización?
- ¿Qué te gusta hacer en tu tiempo libre?
- ¿Qué cualidades debe poseer un gerente exitoso?
- Describe la relación que debería existir entre un supervisor y sus subalternos.
- ¿Qué logros te han dado la mayor satisfacción y por qué?
- ¿Qué puedes contarnos acerca de nuestra organización?
- ¿Qué te interesa acerca de nuestros servicios o productos?
- ¿Qué puedes decirme acerca de nuestros competidores?

En una entrevista de trabajo es posible que estés compitiendo contra otros nueve candidatos. Debes estar preparado para expresar tu visión con mayor claridad que tus nueve rivales. Conoce tu visión o fracasa ante aquellos que conozcan la suya.
ALAN FOX, sociólogo

Anticípate a las preguntas difíciles

Habrá ocasiones en que te planteen preguntas especialmente desafiantes, alguna explicación para un trabajo que tuviste durante un breve periodo o alguna solución creativa para un problema hipotético. Si es el caso, sólo debes hacer tu mejor esfuerzo por responder a la pregunta sin alterarte de ninguna manera. Los siguientes consejos pueden servirte en caso de que se te haga una pregunta difícil:

- Muestra un genuino interés y deseo por comprender la pregunta, presta cuidadosa atención a la misma y, en caso necesario, pide que se te aclare.
- Dale la bienvenida al desafío. Agradece al entrevistador por hacerte la pregunta y elógiala.

- No tomes la pregunta a título personal ni te pongas a la defensiva.
- Recuerda, cada pregunta implica interés.
- Mantente en calma, controla tus emociones y respira.
- Sonríe, mantén el contacto visual y utiliza gestos confiados.
- Alivia tensiones usando comentarios graciosos cuando sea apropiado.
- Mantente atento a palabras clave y responde a las mismas integrándolas en tus respuestas.
- Relata algún incidente o anécdota que tenga un desenlace positivo.
- Siempre que sea posible, incluye un ejemplo específico de un logro relacionado con el tema bajo discusión.

Lo que debes y no debes hacer durante una entrevista

Los profesionales de los recursos humanos han informado algunas de las cosas que hacen los solicitantes y que los predisponen a su favor o en su contra.

Debes

1. Llegar a tiempo o un poco antes de tu cita.
2. Apagar tu celular u otros dispositivos electrónicos.
3. Vestirte de manera profesional.
4. Establecer un *rapport* con el entrevistador mostrando un interés sincero en algo que se encuentre dentro de su oficina.
5. Mantener el contacto visual y utilizar el lenguaje corporal apropiado al comunicarte con el entrevistador.
6. Ser un buen oyente y estar atento a las señales no verbales.

7. Mostrar entusiasmo y energía positiva.
8. Hablar bien de los demás.
9. Decir "nosotros" y comportarte como si ya tuvieras el trabajo.
10. Ser claro y conciso al responder preguntas.
11. Proporcionar evidencia y ejemplos específicos para sustentar tus dichos.
12. Proporcionar sólo referencias sólidas y actuales que pueden verificar tus capacidades.
13. Hacer preguntas pertinentes y bien pensadas, como:
    - ¿Hay algo que pueda hacer entre este momento y el punto en que empiece a trabajar para auxiliar en la transición?
    - ¿Existen desafíos del trabajo para los que pueda prepararme de antemano?
    - ¿Existen materiales que pueda revisar o lecturas que me puedan recomendar y que me ayuden a familiarizarme con la organización, su gente o su cultura?
    - ¿Tiene alguna reserva o inquietud en cuanto a mí o mis capacidades que pueda responderle en este momento?
    - ¿Cuál es el siguiente paso?
    - ¿Cuándo puedo esperar una decisión?

No debes

1. Llegar tarde.
2. Dejar celulares u otros dispositivos electrónicos prendidos durante la entrevista, incluso en modo silencioso.
3. Parecer descuidado o desarreglado.
4. Ser demasiado asertivo, agresivo o entrometido.
5. Mostrarte preocupado, demasiado relajado o incómodo con el contacto visual.

6. Pensar en lo que vas a decir mientras te está hablando el entrevistador. Mejor concéntrate en lo que el entrevistador te está preguntando o diciendo.

7. Exhibir falta de energía.

8. Hablar de manera negativa acerca de empleadores, colegas o experiencias anteriores.

9. Menospreciarte a ti mismo o mostrar una falta de confianza.

10. Aparecer más interesado en el sueldo, las prestaciones o las vacaciones que en el trabajo.

11. Ser vago, hacer declaraciones vanas acerca de tus capacidades, hablar en exceso o mostrar inseguridad acerca de lo que estás diciendo.

12. Preocuparte de mostrarte nervioso. Algo de nerviosismo es natural y demuestra que te importa y te interesa generar una buena impresión.

13. Ofrecer nombres obsoletos o irrelevantes como referencias.

14. Dejar temas sin resolución.

Seguimiento de la entrevista

Una vez que finalices la entrevista querrás asegurarte de que te recuerden y que hayas dejado una buena impresión. Para hacerlo:

1. Escribe una carta de agradecimiento a todos aquellos que te hayan entrevistado. Es mejor que exageres en cuanto a minuciosidad. Es más que apropiado que escribas dos o tres oraciones en las que le expreses a la persona con la que te entrevistaste que te da gusto haberla conocido y que esperas trabajar con ella pronto.

2. Sea que las elabores a mano o a través de correo electrónico, asegúrate de que cada nota de agradecimiento sea un poco diferente.

3. Si alguien del personal administrativo fue de especial ayuda, considera mencionárselo en tu carta de agradecimiento.
4. Si no oyes nada dentro del marco temporal que se te mencionó es apropiado que hagas una llamada telefónica para verificar el estado de la situación.
5. Si dejas un mensaje telefónico, sé breve y da tu nombre y número de teléfono al principio y al final de tu llamada.
6. Si los entrevistadores todavía se encuentran en la fase de toma de decisiones, considera proporcionar algo inusual o único, como ofrecerte a pasar un día en el campo con alguno de los empleados, pasar un día en las oficinas o proporcionar un plan de acción relacionado con algo que se haya discutido en la entrevista.
7. Déjales saber a tus referencias que diste sus nombres y háblales acerca del puesto que solicitaste.

Mantente abierto a la retroalimentación

Es posible que el aspecto más desafiante del manejo de nuestra imagen externa sea la dificultad de vernos a nosotros mismos de la misma manera en que nos ven los demás. Las investigaciones indican que lo más probable es que seamos más críticos de nosotros mismos de lo que son los demás. Al mismo tiempo, es muy posible que no nos demos cuenta de comportamientos negativos que necesitamos corregir.

Algunas maneras en las que puedes obtener una perspectiva adecuada de tu propia imagen externa incluyen:

- Mírate y escúchate a ti mismo en grabaciones de video.
- Mírate al espejo de manera objetiva. ¿Estás bien afeitado y tu apariencia es pulcra? ¿Tu ropa está arrugada o te queda mal?
- Pide una opinión franca a colegas en los que confíes.
- Observa la reacción que otros tienen hacia ti.

Tus amistades, en particular aquellas que también estén buscando trabajo, ofrecen una oportunidad invaluable de retroalimentación, así como nosotros representamos una fuente equivalente para ellas.

Colócate en el papel de coach y mentor. Vuélvete más consciente de las impresiones que te formas de otros y trata de aislar las señales que crean tales impresiones. Después practica compartir tus observaciones con tacto y de manera diplomática y constructiva.

Síntesis y esencia

1. Antes de escribir tu hoja de vida debes hacer una revisión exhaustiva de la totalidad de tus antecedentes con un énfasis en los logros que has alcanzado hasta el momento en tu trayectoria profesional.

2. Las 10 cosas que *no* debes hacer al redactar tu currículum son:
   - No escribas un currículum demasiado extenso.
   - No escribas un currículum demasiado vago.
   - No seas negativo.
   - No listes tus referencias.
   - No identifiques el título del puesto específico que deseas.
   - No inicies tu hoja de vida con "Objetivo".
   - No te limites a actualizar tu viejo currículum.
   - No resaltes ni le restes importancia a tu educación.
   - No arruines un currículum bien preparado con un formato inadecuado, con errores de ortografía o gramática, o con una presentación desorganizada.
   - De manera periódica revisa tu hoja de vida a conciencia.

3. Ten en mente que tu currículum, carta de presentación o ambas son tus elementos promocionales personales y que deben motivar al empleador potencial a invitarte a una entrevista.

4. La entrevista de trabajo es la fase principal del proceso de selección. Es en ese momento que se nos da nuestra única oportunidad verdadera de presentar nuestros argumentos al empleador prospectivo. Si no dejamos una impresión favorable en *la primera entrevista*, lo más probable es que no se nos dé una segunda oportunidad.

5. Haz tu tarea antes de la entrevista para que averigües lo más que puedas acerca de lo que desea tu empleador

potencial; trata de visualizar al candidato ideal para ese trabajo desde su punto de vista. Haz un análisis de tus credenciales para saber qué es lo que puedes ofrecer y prepárate para presentar tus fortalezas en una forma positiva, pertinente y convincente.

6. Si es posible, ensaya para las entrevistas con alguna amistad o con el orientador laboral. Obtén retroalimentación de tus habilidades de entrevista a partir de las cintas o videos de los ensayos y de los comentarios de tus colegas.

7. Prepárate para cada entrevista con sumo cuidado. La primera es igual de importante que la última y viceversa.

8. Antes de cada entrevista vuelve a reflexionar acerca de tu estrategia. Podemos aprender mucho de las entrevistas anteriores; acerca del tipo de pregunta que probablemente se nos plantee o de lo que le resulta de mayor importancia para la empresa.

9. Antes de cada entrevista haz una revisión de las preguntas comunes y de lo que debes y no debes hacer en las entrevistas; puedes encontrar ambas listas en el presente capítulo.

10. Envía una carta de seguimiento después de cada entrevista; agradece la invitación a la misma y haz un breve comentario para enfatizar uno o dos de tus puntos fuertes.

CAPÍTULO 10

CÓMO CAMBIAR DE PROFESIÓN A MEDIO CAMINO

¿Qué es lo que te gusta hacer? Si no te agrada, deja de hacerlo, porque lo harás de manera terrible. No tienes por qué quedarte en un mismo trabajo por el resto de tu vida, porque si no te agrada lo que haces jamás alcanzarás el éxito en ello.
LEE IACOCCA, anterior presidente ejecutivo, Chrysler Corporation

Si no puedes alcanzar tus metas profesionales en tu ocupación actual es posible que lo mejor sea que hagas un cambio radical en tu trayectoria profesional. La historia está plagada de personas que adquirieron fama en sus segundas ocupaciones. Gauguin era cajero de un banco antes de cambiar de profesión y convertirse en pintor. Benjamin Franklin empezó a trabajar como impresor. Dale Carnegie era vendedor y actor antes de transformarse en maestro y autor.

Claro está que la mayoría de los cambios profesionales no son tan espectaculares como los que se dieron con estas personas famosas. Un ingeniero se convierte en fotógrafo; un maestro regresa a la universidad para estudiar medicina; un vendedor se dedica a la publicidad o un minorista decide consagrarse al ministerio religioso. Hay miles de razones por las que las personas desean cambiar de ocupación o de profesión tras invertir años de educación y experiencia en el desarrollo de las habilidades necesarias para sus ocupaciones originales.

1. **Callejones sin salida:** debido a una mala planeación o a la simple mala suerte, es posible que una persona llegue a un punto en su desarrollo profesional en el que ya no tenga oportunidad de ir más allá. Es posible que un vendedor sea el mejor de toda su empresa, pero que no pueda ascender a un puesto gerencial; una enfermera puede darse cuenta de que no tiene los antecedentes ni el deseo de ir más allá de cierto nivel. Si no podemos avanzar en nuestra trayectoria profesional y no estamos satisfechos con conformarnos con el nivel al que podemos llegar, es posible que deseemos considerar un cambio radical con seriedad.

2. **Cambio de condiciones que conducen a un avance profesional:** cuando elegimos ingresar en nuestro campo es posible que hayamos basado nuestro plan de vida en las condiciones existentes en nuestra industria. Debido a un cambio de condiciones es posible que ya no estemos satisfechos con nuestra elección. Las industrias se vuelven obsoletas o disminuyen en importancia a causa de avances tecnológicos u otras razones. Las especialidades profesionales que son importantes en una década pueden carecer de importancia 10 años después.

3. **Recesiones industriales:** hay ocasiones en que se dan periodos temporales o, incluso, prolongados de recesión en alguna industria en particular. Al final de la guerra fría, cuando se desarticuló la Unión Soviética, el gobierno de Estados Unidos le restó el énfasis que antes le había otorgado a la industria aeroespacial y, de manera simultánea, redujo sus gastos de defensa. Las profesiones que dependían de estas industrias se vieron fuertemente golpeadas por una recesión. Ingenieros, físicos y otros científicos, así como el personal

administrativo de estas áreas, no podían encontrar un empleo que estuviera relacionado con su área de experiencia en lo más absoluto.

Para muchos de ellos el cambio de profesión fue una necesidad. Siempre que los mercados inmobiliarios comerciales o residenciales experimentan una caída, sobrevienen el desempleo o el subempleo de infinidad de personas: carpinteros, arquitectos, agentes de bienes raíces y decoradores, por nombrar algunos. Un buen número de estas personas se ve obligado a crear profesiones nuevas para sí mismas.

4. **Razones personales:** es frecuente que las personas cambien de profesión porque se sienten infelices o aburridas con sus ocupaciones actuales. Para tener una vida más emocionante y satisfactoria algunos psicólogos recomiendan que cambiemos de trayectoria profesional dos o tres veces a lo largo de nuestra vida. Sin embargo, esto no resulta práctico para la mayoría de las personas. Un desagrado momentáneo con nuestro empleo no es justificación para cambiar de profesión. Como afirmamos antes, las decisiones realmente trascendentales, como el cambio de profesión, no deben tomarse a la ligera. No es inusual que una persona se aburra con el trabajo que hace día con día y año tras año. La mayoría de los empleos implica cierto grado de monotonía. El reto de una nueva profesión emociona a algunas personas, pero por sí mismo, éste no es motivo para cambiar de profesión. La respuesta podría encontrarse en buscar desafíos adicionales en la compañía en la que trabajamos en la actualidad o llevando a cabo un cambio de trabajo dentro de nuestro mismo campo. (A menudo el pasto más verde en la profesión de alguien más se ve así sólo a causa de la distancia.) Cada campo de acción tiene sus aspectos aburridos y es más que posible que nos sintamos igual de infelices una vez hecho el cambio.

Amar lo que se hace y sentir que importa…
¿Qué podría ser más divertido?
KATHARINE GRAHAM, editora

Cómo elegir tu siguiente profesión

Cambiar de trayectoria profesional jamás resulta fácil. Mientras mayores seamos, más años llevaremos en nuestra profesión actual y, casi con toda seguridad, mayor será nuestro salario. Ese factor, por sí solo, podría hacer que cambiar a algún otro campo resulte menos que atractivo. No obstante, una vez que hayamos tomado la decisión debemos estar preparados para un arduo trabajo: quizá para años de reeducación y estudio, sacrificios en términos de dinero, tiempo y esfuerzo, y muchas decepciones a lo largo del camino hacia nuestra nueva meta. Hay ayuda profesional disponible para las personas que buscan dirección en este sentido. De hecho, la orientación laboral puede serles de provecho a las personas de cualquier edad que estén en busca de este tipo de ayuda.

Los orientadores laborales asisten a sus clientes en muchas formas distintas. La mayoría utiliza diversos tipos de pruebas de aptitudes, personalidad e intereses para identificar áreas potenciales que quizá no hayan resultado evidentes para el individuo; por ejemplo, un ingeniero que se haya concentrado en prepararse para trabajar en una disciplina en particular puede no haberse dado cuenta de manera consciente de sus capacidades para las comunicaciones o de su creatividad, o de otras habilidades que podrían serle de valor en áreas por completo distintas. A diferencia de las pruebas que uno debe responder cuando solicita un empleo, el propósito de estas evaluaciones no es eliminarnos, sino ayudarnos a comprender el alcance de nuestro potencial.

En adición a estas pruebas, la mayoría de los orientadores explorará nuestras ideas y actitudes en relación con distintos tipos de trabajos, así como nuestros intereses y otras actividades no relacionadas con nuestra profesión. Querrán saber acerca de nuestros pasatiempos, actividades cívicas y sociales, intereses extracurriculares durante nuestros estudios y los antecedentes ocupacionales e intereses de nuestros cónyuges, familiares y amigos.

Toda esta información les ofrecerá discernimientos acerca de las facetas de nuestra personalidad que los ayuden a identificar profesiones nuevas o formas novedosas de orientar nuestra carrera actual.

Será muy inusual que los orientadores profesionales nos indiquen un tipo específico de empleo y nos sugieran que ésa debería ser nuestra meta laboral. Por lo común nos darán una imagen general de las áreas en las que habría grandes probabilidades de que nos sintamos felices y exitosos. Después nos darán algo de información específica acerca de los requisitos necesarios para ingresar a estos campos y dónde podríamos encontrar información directa al respecto. Burt, a sus 30 años de edad, ha sido un vendedor de seguros bastante exitoso por ocho años. Se encuentra estancado en su crecimiento y siente que simplemente no podría enfrentar otros 25 años de lo mismo.

Sus pruebas muestran que tiene un intenso talento artístico. Sus pasatiempos se encuentran en áreas creativas (diseño de escenarios para el teatro local y supervisor de manualidades en su sección local de los Boy Scouts). El orientador laboral le sugirió varias áreas que podrían sacar provecho de los talentos de Burt. Incluían diseño de interiores, coordinación de modas, comercialización, docencia en artes y algunas otras. Burt decidió investigar las áreas de diseño de interiores y coordinación de modas. El orientador le proporcionó información relacionada con personas y organizaciones en dichas áreas que pudieran ayudarlo a averiguar más respecto al trabajo, así como en relación con la educación y antecedentes adicionales que tendría que adquirir para iniciarse en estas trayectorias profesionales.

Las personas que avanzan en este mundo son las que se
levantan y buscan las circunstancias que desean, y si no
pueden encontrarlas, las crean.

GEORGE BERNARD SHAW

La orientación laboral profesional debe obtenerse de las personas que tengan una capacitación específica en dicha área. Para localizar a un orientador laboral calificado primero verifica en las universidades e instituciones de educación superior de tu localidad. Es frecuente que tengan servicios de orientación vocacional o laboral en sus instalaciones o que puedan sugerirte orientadores calificados. Las agencias y asociaciones profesionales proporcionan este tipo de servicio en casi todos los países del mundo.

Hacer el cambio

Hay distintos enfoques que pueden serte de ayuda al cambiar de profesiones. Además de los dos que discutiremos a continuación, también puedes iniciar tu propio negocio, algo de lo que hablaremos más adelante en este mismo capítulo.

Elección de una ocupación relacionada

Adentrarse en un campo similar a aquel en el que ya nos encontramos es la ruta más fácil a seguir. Saca el máximo de provecho de nuestra educación y experiencia pasadas y las redirige a una fase distinta de trabajo. Un ejemplo es Carl, que cambió de profesión al pasar de ingeniería de diseño a ingeniería de ventas. Este cambio utilizó toda su experiencia y educación en ingeniería, pero en realidad se trata de un campo por completo novedoso. Vender productos técnicos le dio la oportunidad de aprovechar sus fortalezas en ingeniería, y sus intereses y aptitudes para tratar con la gente.

Tu primer paso es analizar tus antecedentes, ya sea por medio de la introspección o con la ayuda de un profesional en recursos humanos o especialista profesional. Analiza los campos que pudieran ser de tu interés. Una vez que hayas elegido una o más áreas ocupacionales identifica los aspectos de tu formación que se relacionen o puedan trasladarse al campo nuevo. Esto te preparará para utilizar dicha información al venderte a una empresa dentro de tu nueva esfera de acción. Aunque es probable que el empleador enfatice las diferencias que existen entre nuestros antecedentes y las especificaciones del trabajo, ahora contarás con las herramientas necesarias para demostrarle cómo es que las semejanzas superan las diferencias. No pases por alto los intangibles que representan un papel tan importante en el éxito laboral: motivación, estabilidad, inteligencia, perseverancia y otros por el estilo.

> *Elige un empleo que ames y jamás tendrás que trabajar*
> *un solo día de tu vida.*
> CONFUCIO

Cambio total de trayectoria profesional

Un cambio total de profesión es mucho más difícil que trasladarte a un campo relacionado. Puede requerir de una extensa capacitación o educación. Si un químico desea convertirse en abogado, tendrá que estudiar leyes durante al menos tres años. Incluso cambiar de una disciplina en el campo de la química a otro puede llevarse meses o años de estudios adicionales. Otras áreas profesionales tendrán requisitos educativos parecidos. En ocasiones las nuevas ocupaciones pueden aprenderse en el empleo mismo, pero eso suele significar que tendrás que aceptar un puesto a nivel inferior y que tendrás mucho menos dinero. También puede significar meses de reentrenamiento, incluso a pesar de estar empleado.

Cuando tomes una decisión debes sopesar las ventajas de un cambio de profesión contra las dificultades a las que te enfrentarás para lograrlo. Como lo indicamos antes, la orientación laboral profesional es muy recomendable.

> *Tu trabajo es descubrir tu trabajo y, entonces, entregarte*
> *al mismo con todo tu corazón.*
> BUDA

Sea o no que hagas uso de la orientación profesional, puedes hacer mucho por ti mismo para asegurarte de que tengas la información adecuada antes de tomar una decisión final.

- **Investigación:** hay material disponible relacionado con casi todo tipo de profesión. Lee varios libros relacionados con el trabajo, con las personas involucradas en el mismo y con temas similares. Verifica el índice temático de tu biblioteca, escribe a asociaciones gremiales o profesionales y lee revistas del gremio o publicaciones asociadas con la profesión.
- **Sitios web:** lee los sitios web de las diferentes empresas en el campo. Esto te proporcionará mucha información acerca de sus productos o servicios, tipos de puestos, mercados y otros datos valiosos relacionados con la industria. Busca artículos y blogs en línea que hayan escrito personas involucradas en el tipo de trabajo que te interesa.
- **Formación de una red de contactos:** todavía más importante que hacer una búsqueda exhaustiva en línea es conocer a personas dentro del campo que te interesa. Empieza con amigos y familiares. Incluso si no están dentro del campo que te atrae, es posible que puedan presentarte a personas conocidas que sí estén en ese campo. Además, ponte en contacto con empresas

locales donde haya ese tipo de empleo. Haz tu máximo esfuerzo por reunirte con personas que trabajen en tu área de interés. La mayoría de la gente estará dispuesta a darte algunos minutos de su tiempo para tales propósitos. Si no te es posible identificar a alguien que te pueda ayudar, habla o escribe al editor de alguna publicación gremial o profesional y pide una entrevista o una lista de referencias de personas implicadas en la profesión. Al hablar con personas involucradas en el área puedes averiguar mucho de lo que no aparece en los libros. Pueden contarte acerca de problemas cotidianos, así como de las frustraciones y satisfacciones, condiciones de trabajo, oportunidades de ascenso y recompensas financieras de la profesión. También puedes descubrir qué tan fácil o difícil es conseguir un empleo inicial, hacer cambios de empleo y temas similares. De ser posible, pide la oportunidad de observar un día típico de trabajo. Ve cómo es llevar a cabo este tipo de trabajo. Es posible que descubras que muchos de los elementos que te atrajeron al área son poco importantes y que se vean superados por factores que no te resulten atractivos. Es mejor averiguar las desventajas de una profesión antes de iniciar en la misma. Por otro lado, una investigación detallada como ésta puede reforzar tu interés y ser el factor determinante que te decida por optar por esta nueva profesión.

Tu éxito profesional se encuentra en proporción directa con lo que hagas después de llevar a cabo lo que se esperaba que hicieras.
Brian Tracy, autor y consultor motivacional

Ejemplos de éxito en cambios de profesión

Las siguientes narraciones describen el camino que algunas personas tomaron para cambiar de un tipo de trayectoria profesional a otro.

Mike H: de ingeniero a médico

Mike era un ingeniero mecánico que trabajaba como ingeniero de diseño en una importante fábrica aeronáutica. Se sentía estancado en cuanto a su progreso e infeliz con su trabajo. Después de una buena cantidad de introspección y estudio, decidió averiguar más acerca de la medicina y la ortodoncia, a pesar de que estaba al tanto de que eso requeriría de años adicionales de estudio. Mike leyó todo lo que pudo acerca de cada profesión y habló de manera extensa con varios dentistas y médicos. Visitó universidades donde se impartían ambas carreras para determinar si podría ingresar a las mismas y si sentían que un hombre con sus antecedentes y su edad podría hacer una transición así de importante. Tomó los exámenes de admisión correspondientes para ambas profesiones (los MCAT y DAT) y obtuvo puntuaciones muy elevadas en ambos. El factor clave para que tomara su decisión fue la larga discusión que tuvo con el director de un importante hospital. Pudo aclarar varias de las dudas que le quedaban y aprender acerca de la dura realidad de una vida dedicada a ese tipo de profesión. Mike eligió la medicina. A sus 30 sabía que tendría que hacer enormes sacrificios en términos de tiempo y economía. Llevó a cabo los arreglos financieros apropiados para el pago de sus estudios universitarios y para mantener a su esposa e hijos. No tuvo dificultad alguna en que lo aceptaran en una excelente universidad gracias a que sus estudios y antecedentes en ingeniería se consideraron como una excelente preparación. Finalizó su carrera, internado y residencia con honores. Informó que sus estudios en medicina no le fueron más difíciles que aquellos en ingeniería y, por su mayor madurez, lo más probable es que le resultaran menos onerosos. Al día de hoy Mike es un exitoso (y feliz) anestesiólogo. Su experiencia en ingeniería le ha permitido aportar una infinidad de ideas e innovaciones a la práctica médica.

Al llevar a cabo un cambio tan radical como el que hizo Mike no sólo debemos obtener información acerca del potencial del campo y de nuestro interés y aptitudes para el mismo, sino también tomar en cuenta la preparación adicional que pueda requerirse y la manera en que podemos costearla. La mayoría de los campos requiere de estudios adicionales que no sólo cuestan dinero en términos de matrícula, sino en términos de la pérdida o reducción de ingresos durante nuestra capacitación. Esto se debe planear y, además, discutir a fondo con nuestra familia. Ellos también estarán haciendo un sacrificio. Sólo después de todo esto es que se puede tomar esta importante decisión.

> *Piensa en ti mismo no como el arquitecto*
> *de tu trayectoria profesional, sino como*
> *el escultor de la misma. Piensa que habrá*
> *mucho que martillar, cincelar, raspar y pulir.*
> B. C. FORBES, editor

Kimberly: de investigadora de mercado a maestra de matemáticas

Kimberly fue analista en investigación de mercados para una empresa farmacéutica por cinco años. Era una estadística competente y había alcanzado el tope salarial para su puesto. Para avanzar en la mercadotecnia, tendría que obtener experiencia en ventas. Kimberly no tenía interés alguno en las ventas, pero siempre le había intrigado la idea de dar clases. Sabía que existía una demanda para maestros de matemáticas, de modo que decidió explorar el campo.

Después de obtener toda la información que pudo acerca del campo de la docencia y de los requisitos necesarios llevó a cabo un análisis. Utilizó un sistema de lo más sencillo: dividió una hoja de papel en dos columnas. En una, listó todos los requisitos y, en la otra, sus antecedentes. Después comparó las columnas para determinar qué le faltaba para lograr su cometido.

Éste fue el análisis de Kimberly:

Mis antecedentes	Requisitos del trabajo
Educación: estudios universitarios en matemáticas	Estudios universitarios en matemáticas
Maestría en Administración de Empresas	Cursos en educación
Experiencia	Certificado estatal en docencia
Análisis estadísticos	Un año de prácticas en docencia
Elaboración de informes	De utilidad: trabajo con matemáticas avanzadas
Entrenamiento de nuevos empleados	

Kim se dio cuenta de que tendría que regresar a la universidad para los cursos en educación. Se inscribió en un programa nocturno y de fines de semana para obtener su maestría en educación de una universidad local. Con la transferencia de créditos de los cursos de estadística de su maestría en administración de empresas y su experiencia laboral en su trabajo de investigación de mercado llevó a cabo la totalidad de su nueva maestría en sólo 18 meses. Renunció a su trabajo para tomar un puesto de práctica en docencia. Pasó sus exámenes de certificación y se le contrató de inmediato como maestra de matemáticas a nivel medio.

Jim: de piloto de combate a ministro religioso

Jim fue piloto de combate en las dos guerras de Irak. Se le condecoró por su valentía y ascendió hasta llegar al rango de teniente coronel en la Fuerza Aérea de Estados Unidos. Después de 20 años de servicio activo decidió retirarse. Jim disfrutó de su tiempo en la Fuerza Aérea y todavía le gustaba volar, pero aunque pudo haber aceptado una de varias ofertas que le hicieron diversas aerolíneas comerciales, eligió hacer un cambio radical en su trayectoria profesional.

De niño, Jim iba a la iglesia de manera regular, pero después de sus estudios universitarios rara vez asistía a servicios religiosos. Durante la segunda guerra de Irak, Jim se vio obligado a llevar a cabo un aterrizaje forzoso. Su copiloto y artillero fallecieron, pero Jim sobrevivió con sólo algunas lesiones superficiales. Jim atribuyó su supervivencia a Dios y decidió dedicar el resto de su vida a servirle. Cuando regresó a casa, lo asignaron a una base aérea en el área de Nueva York.

Asumió un papel activo en una iglesia local y pasaba gran parte de su tiempo libre trabajando en la misma. A sugerencia del pastor, Jim empezó a estudiar para el ministerio. Tomó clases nocturnas en una universidad del área. Al retirarse de la Fuerza Aérea empezó a tomar clases de tiempo completo en el Seminario Teológico de la Unión (Union Theological Seminary). Después de ordenarse lo asignaron a una iglesia en Pensilvania, donde se dedica de lleno al trabajo que tanto ama.

Andrew: de policía a funerario

Andrew llevó a cabo dos cambios profesionales. Al finalizar su educación media superior se convirtió en aprendiz de fabricante de herramientas, pero se dio cuenta de que el trabajo de ese tipo no era para él. Sentía que quería un trabajo en el que pudiera tratar con personas, no con cosas. El trabajo policiaco le parecía interesante, de modo que se inscribió en el programa de ciencias policiacas de una universidad técnica. Después de titularse pasó el examen para ingresar al departamento de policía y se convirtió en oficial de policía de su pueblo natal.

A Andrew le gustaba su trabajo, pero aunque lo ascendieron a detective sentía que ésa no era la manera en que quería pasar el resto de su vida. Uno de sus amigos trabajaba en una funeraria local y Andrew, al visitarlo allí con frecuencia, se empezó a interesar en el campo. Se dio cuenta de la manera en que el director de la funeraria y su personal ayudaban a las personas que estaban experimentando algunos de los peores momentos de sus vidas a tomar decisiones y a lidiar con su dolor. Decidió que era algo que le gustaría hacer. Regresó a la universidad y obtuvo otro título técnico, esta vez en ciencias mortuorias.

Andrew decidió permanecer en el departamento de policía y obtener un segundo empleo como funerario. Eso funcionó de manera adecuada y, algunos años más tarde, cuando todavía trabajaba para el departamento de policía, abrió su propia empresa funeraria y empezó a administrarla como negocio alternativo. Después de 21 años en la fuerza terminó por retirarse y ahora se dedica a director funerario de tiempo completo. Su entusiasmo por el trabajo lo convirtió en uno de los directores funerarios más respetados de su pueblo. Su hijo optó por seguir su mismo camino y ahora son dueños de dos funerarias en un pueblo cercano. Además, el año pasado, su nieto también decidió asociarse con él.

No te des por vencido

Las personas que desean darle una dirección por completo novedosa a su trayectoria profesional pueden enfrentarse a enormes dificultades. Hay ocasiones en que nunca logran hacer el cambio. No obstante, las razones por las que fracasan no siempre son la falta de capacidad o la desconfianza hacia personas poco experimentadas en un campo, un prejuicio profundo y arraigado que termina por derrotar a muchas personas que buscan cambiar de carrera. Con frecuencia el fracaso puede atribuirse a que quien busca cambiar se da por vencido con demasiada facilidad.

Alterar la trayectoria profesional requiere de un arduo trabajo y de exponerse de manera extensa a empleadores potenciales. La mayoría de estos esfuerzos deben hacerse de manera independiente y con la mayor creatividad posible.

> *Jamás sigas haciendo un trabajo que te disgusta.*
> *Si estás feliz con lo que haces, estarás feliz contigo mismo*
> *y tendrás paz interior. Y si tienes eso, junto con tu salud*
> *física, tendrás más éxito del que jamás hubieras imaginado.*
> Roger Caras, comentarista televisivo y autor

Un negocio propio

En ocasiones el mejor método para cambiar de trayectoria profesional es iniciar un negocio propio. Quizá cuentes con un producto o idea que quisieras desarrollar, o tal vez simplemente desees ser tu propio jefe y encargarte de una fábrica, tienda o empresa de servicio.

No hay prejuicios asociados con un cambio de profesión de este tipo. La mayoría de las puertas se abrirán para ti y podrás ingresar al terreno que desees… siempre y cuando cuentes con el dinero suficiente para hacerlo.

Un negocio significa una inversión. Ni siquiera pienses en un negocio propio si no has hecho un análisis exhaustivo de lo que se necesita en términos de capital, costos de operación y reservas. Además considera que, en la mayoría de los negocios, es posible que tengas que renunciar a cobrar un salario por meses hasta que el negocio quede bien establecido.

Aparte, los negocios implican riesgos. Si fracasamos no sólo habremos perdido nuestros ingresos durante ese periodo, sino que posiblemente hayamos perdido nuestros ahorros y el dinero de nuestros inversionistas.

Por otro lado, la compensación por administrar nuestro propio negocio puede ser sustancial. No sólo podremos generar grandes cantidades de dinero, sino acumular un capital propio que aumentará nuestro patrimonio. Un buen negocio siempre puede venderse y generar ganancias.

Ser dueños de nuestro propio negocio también genera una cantidad importante de recompensas intangibles, como la satisfacción que se obtiene al tomar las decisiones finales y ser nuestro propio jefe. No obstante, ser dueño de una pequeña empresa también tiene desventajas, como trabajar largas horas, hacer labores pesadas, lidiar con problemas y dolores de cabeza, y el hecho de que ahora tenemos docenas o cientos de jefes en la forma de clientes. Pero podemos determinar nuestro propio crecimiento sin tener que depender de nadie más. Al elegir el negocio al que quieres ingresar asegúrate de que cuentes con los conocimientos que necesitas para operarlo o que puedas obtener esta información con rapidez. La causa principal de los fracasos de negocios, aparte de una falta de capital, es una falta de conocimientos.

¿Debes iniciar un negocio propio?

¿Tienes las aptitudes personales para operar un negocio de manera exitosa? Para ayudarte a definir esta pregunta esencial, responde las siguientes preguntas con absoluta franqueza. No trates de forzar las cosas para ajustarte al patrón. Quizá sea buena idea que le pidas a un amigo cercano que te califique con el mismo cuestionario. Asegúrate de identificar tus puntos débiles. Si puedes corregirlos, toma las medidas necesarias para hacerlo. Si no puedes, quizá no sea buena idea que inicies un negocio por tu cuenta.

En cada categoría elige la declaración que mejor te describa:

¿Soy una persona dinámica?

_____ Hago las cosas por iniciativa propia; nadie tiene que decirme que me ponga a hacer algo.

_____ Si alguien me ayuda a ponerme en marcha, no tengo problemas para seguir adelante.

_____ Me gusta hacer las cosas con tranquilidad. No me esfuerzo hasta que tengo que hacerlo.

¿Qué tipo de persona soy en términos sociales?

_____ Me agrada la gente. Me puedo llevar con casi cualquier persona.

_____ Tengo los amigos suficientes. No necesito a nadie más.

_____ Me molesta la mayoría de las personas.

¿Puedo dirigir a otros?

_____ Cuando empiezo algo puedo convencer a la mayoría de las personas de que me sigan.

_____ Puedo dar órdenes si alguien más me dice qué es lo que se tiene que hacer.

_____ Me gusta que alguien más empiece las cosas. Después, si tengo deseos de hacerlo, sigo con lo que me indiquen.

¿Puedo asumir responsabilidades?

_____ Me gusta hacerme cargo de las cosas y ver que se lleven a cabo.

_____ Me ocupo de las cosas si tengo que hacerlo, pero, de lo contrario, prefiero dejar que alguien más se haga responsable.

_____ Siempre hay algún acomedido que quiere demostrar lo listo que es. En mi opinión, hay que dejarlos que lo hagan.

¿Qué tan bien organizo proyectos?

_____ Me gusta tener un plan antes de empezar. Por lo general soy la persona que se ocupa de tener las cosas listas cuando el grupo quiere hacer algo.

_____ No tengo problemas con hacer las cosas hasta que se complican demasiado. Entonces, saco las manos.

_____ Preparo todo, pero siempre pasa algo que lo arruina, de modo que mejor tomo las cosas como vienen.

¿Qué tanto me dedico al trabajo?

_____ Puedo trabajar el tiempo que se necesite. No me importa esforzarme mucho por algo que me interese.

_____ Trabajo mucho por un tiempo, pero cuando llego a mi límite dejo todo.

_____ No pienso que matarte trabajando sirva de nada.

¿Puedo tomar decisiones?

_____ Si es necesario, puedo tomar decisiones de un momento para otro. Aparte, las cosas suelen salir bien.

_____ Puedo tomar decisiones si cuento con una buena cantidad de tiempo. Si tengo que decidir de un momento para otro, después suelo pensar que debí hacer las cosas de modo diferente.

_____ No me gusta ser quien tiene que decidir las cosas. Lo más seguro es que terminen hechas un desastre.

¿La gente puede confiar en lo que digo?

_____ Sin duda. No digo lo que no pienso.

_____ La mayor parte del tiempo trato de decir las cosas con franqueza, pero hay veces que digo lo que resulta más sencillo.

_____ ¿Qué importa, si la gente ni siquiera sabe cuál es la diferencia?

¿Puedo perseverar en algo aunque resulte difícil?

_____ Si me decido a hacer algo, no dejo que nadie me detenga.
_____ Por lo general termino lo que empiezo… si es que las cosas no se echan a perder.

_____ Si las cosas no funcionan bien de inicio, simplemente las dejo de lado.

¿Qué tan buena es mi salud?

_____ ¡Nunca se me acaban las pilas!

_____ Tengo la energía suficiente para la mayoría de las cosas que quiero hacer.

_____ Se me acaban las energías más rápido de lo que parece sucederle a la mayoría de mis amigos.

¿Cuántas veces elegiste la primera opción para cada pregunta? ¿Cuántas la segunda? ¿Y en cuántas ocasiones elegiste la tercera opción? Si la mayoría de las veces elegiste la primera opción, es muy probable que tengas lo que se necesita para administrar un negocio. De lo contrario, lo más seguro es que tengas más problemas de los que puedes manejar solo, y lo mejor será que encuentres a un socio que compense tus puntos débiles. Si elegiste la tercera opción en varias ocasiones, ni siquiera un buen socio podrá ayudarte.

> *Empezar algo para generar dinero es el peor error que puedes cometer en toda tu vida. Haz aquello para lo que sientas que tienes talento y, si de veras eres bueno en ello, el dinero vendrá por sí solo.*
> GREER GARSON, actriz

Elegir un nuevo negocio

Cuando busques a qué negocio debes dedicarte trata de utilizar tu experiencia e intereses en lugar de meterte a un negocio que desconozcas por completo. Si siempre te ha gustado la fotografía como pasatiempo, una tienda de cámaras, la fotografía comercial o un campo relacionado podrían ser posibles emprendimientos de negocios para ti. Si en tu trabajo anterior eras responsable de reclutar y emplear al personal, sería lógico que iniciaras una agencia de empleos. Si eres bueno para la mecánica, una buena oportunidad podría ser un negocio de reparación de equipos o de enseres domésticos. Por otro lado, un negocio en el que no tengas conocimientos o experiencia todavía puede resultar un éxito si tienes aptitudes y un interés sincero, y si encuentras algún sitio en el que puedas aprender los detalles de la operación.

La mayoría de los pequeños negocios se encuentra en una de tres categorías: fabricación, comercialización y servicios.

En el caso de la fabricación debes elaborar y vender algún producto. La inversión necesaria de capital varía según el tipo de manufactura. Este tipo de negocio suele requerir de una inversión en equipos y materiales, así como rentar un espacio y emplear a personal calificado y semicalificado. Un negocio en fabricación suele resultarles atractivo a personas que hayan trabajado en alguna industria manufacturera, como ingenieros, ejecutivos de producción y personas con una orientación mecánica. La comercialización puede asumir la forma de operaciones al mayoreo o menudeo, e implica vender. Los mayoristas tienen que invertir en su inventario de mercancías, en un espacio de almacenamiento y en la contratación de personal de ventas y almacenaje. Los minoristas tienen que invertir en el mobiliario y decoración de sus tiendas, en su inventario de mercancías, en la renta de algún espacio en un área de tráfico intenso y en el empleo de dependientes. Una pequeña tienda de artículos para caballero puede iniciarse en un vecindario residencial con unos cuántos miles de dólares, pero un almacén de ropa en el centro de la ciudad se llevará decenas de miles de dólares, mientras que una tienda de departamentos o de descuento requeriría de una inversión muy considerable. Los negocios que se dedican a los servicios son los más económicos. Requieren de muy poco capital ya que se necesita poco o ningún equipo. Algunos ejemplos son:

- **Agencia de ventas:** administrar un negocio de ventas no requiere que invirtamos nada en mercancías o inventario. Una vez que se hace un pedido, el fabricante o mayorista lo surte de sus existencias. Este tipo de oportunidad resulta atractivo para vendedores y otras personas con aptitudes para vender.

- **Consultoría:** a menudo los ejecutivos de negocios o profesionales (ingenieros, contadores, especialistas en recursos humanos y similares) sienten que podrían tener éxito en los negocios si se dedican a ser consultores en su especialidad. La inversión de capital es baja; sólo se necesita rentar un espacio de oficina, amueblarlo, crear un sitio web, imprimir papelería y material promocional, y encontrar formas de publicitar nuestros servicios. Podemos iniciar un negocio de consultoría con el dinero suficiente para pagar los gastos de algunos meses. No obstante, no es tan fácil hacerse de una clientela. La razón por la que fracasan tantos negocios de consultoría no es por falta de capacidad, sino por la incapacidad de generar nuevos contratos. A menos de que conozcamos a un buen número de clientes potenciales, la consultoría resulta ser demasiado riesgosa para la mayoría de las personas.

- **Servicios empresariales:** se necesitan muchos diferentes tipos de servicios empresariales. Un negocio en esta área es una manera adecuada y relativamente poco costosa para iniciar un negocio propio. Con base en nuestros propios intereses y talentos, hay una infinidad de servicios que pueden tomarse en cuenta: diseño web y servicios de mantenimiento, servicios de impresión y duplicación, promociones de correo directo, servicios de contabilidad y teneduría de libros para pequeñas empresas, agencias de empleo, servicios de empleo temporal, burós de crédito y cobranzas, etc. Si podemos descubrir la necesidad para un servicio, podemos iniciar un negocio que se dedique al mismo.

- **Servicios al consumidor:** hay otros tipos de servicio empresarial que se dedican a los consumidores. Hay una demanda insaciable para personas que pueden hacer reparaciones y ayudar a individuos con necesidades especiales como declaraciones de impuestos, mantenimiento del hogar y asuntos de cómputo y conectividad a la red, sin mencionar la demanda de entrenadores físicos, ventas y reparación de instrumentos musicales, clases de música, arte e idiomas, asuntos técnicos, etcétera.

El área de negocios que elijamos debe ajustarse a nuestros intereses y aptitudes, pero también debe investigarse con cuidado para garantizar que haya demanda para la misma. Hazles visitas a consumidores o clientes potenciales. Determina el grado al que se está satisfaciendo al mercado. Si otros negocios parecidos están teniendo éxito, ¿hay cabida para uno más? Si la competencia ya está operando en el mercado, ¿cómo puedes vencerla; cómo puedes ser diferente y mejor? Asegúrate de que la demanda de mercado sea la suficiente como para que tu negocio tenga éxito.

¿Cuentas con los recursos para iniciar un emprendimiento propio? Vuelve a verificar cuánto capital necesitas para iniciarlo y para llegar a un punto en el que puedas generar dinero con el nuevo negocio. Asegúrate de que puedas manejarlo. A menos de que no te quepa duda alguna de tus capacidades para financiar tanto el negocio como las necesidades de tu familia hasta que el negocio empiece a dar frutos, ni siquiera deberías intentar echarlo a andar.

Cómo empezar

Existen tres métodos para iniciar un negocio propio: iniciar desde cero, comprar un negocio ya establecido o una participación en el mismo y adquirir una franquicia.

Tienes poder sobre tu mente, no sobre los sucesos
externos. Date cuenta de esto y encontrarás tu fuerza.

MARCO AURELIO,
emperador y filósofo romano

Iniciar desde cero

Cuando iniciamos un negocio propio de la nada debemos utilizar nuestro propio criterio, recursos y habilidades para construirlo.

- **Ventajas:** una de las ventajas de iniciar un negocio propio es que nuestros costos pueden ser relativamente bajos porque no tenemos el gasto inicial de adquirir un negocio ya existente o de cubrir las cuotas de una franquicia. Sin estas inversiones de capital iniciales tendremos mayores recursos de capital activo o de capital para comprar las herramientas o equipo que se necesiten. Además las ganancias serán todas nuestras, ya que no habrá regalías ni otras cuotas obligatorias que se necesiten cubrir.
- **Limitaciones:** iniciar un negocio desde cero suele llevarse más tiempo para que quede bien establecido. Los clientes tienden a preferir a las empresas ya establecidas o bien conocidas que a las nuevas. Para hacerte de una reputación en un área debes esforzarte mucho más y gastar mayores cantidades de dinero en publicidad y promoción de ventas que si compras un negocio establecido o si formas parte de una franquicia conocida. Independientemente de lo bueno que sea tu producto o servicio, los clientes prospectivos no lo adquirirán si no saben nada al respecto. Es probable que cometas errores de ensayo y error, pero si una persona experimentada puede enseñarte algo acerca del negocio es probable que puedas evitar un exceso de

equivocaciones. Como regla general, cuando inicies un negocio propio pasará algún tiempo antes de que adquiera la suficiente participación de mercado como para que te mantenga.

Compra de un negocio ya establecido

Pueden evitarse algunos de los problemas que se presentan al iniciar desde cero si compras un negocio establecido por completo o si adquieres una participación en el mismo.

- **Ventajas:** un aspecto útil de comprar un negocio establecido es que ya cuenta con clientes activos y que producirá ganancias inmediatas. Si es una empresa rentable, mucho del trabajo inicial ya estará hecho. Tendremos clientes, proveedores, una línea de crédito y otras cuestiones que les llevan mucho tiempo desarrollar a los negocios nuevos. Si adquiriste una parte del negocio (como socio) tendrás acceso a la capacitación y orientación del dueño original.
- **Limitaciones:** cuando compras un negocio en su totalidad es posible que estés comprando un negocio que está marchando, pero bien puede estar marchando hacia el fracaso. Ésta no necesariamente es razón para cancelar la compra, pero es una advertencia de que debes investigarlo a cabalidad. Si la razón de su deterioro es un factor que puede corregirse (por ejemplo, un manejo más adecuado, una inyección de capital, etc.), puede resultar una compra excelente. Sin embargo, si la razón se centra en un producto deficiente, en una mala reputación o en una localización o instalaciones defectuosas, bien puede ser aconsejable no hacer el trato.

Asegúrate de verificar el registro del desempeño de la empresa. ¿Cuenta con un número respetable de clientes? ¿Cuáles son sus costos y ganancias? ¿Qué reputación tiene dentro de la comunidad? Esto puede verificarse a través de la cámara de comercio local o del Better Business Bureau. También puede verificarse mediante conversaciones con personas que quizá utilicen los servicios o productos del negocio.

Consulta con un contador para que te ayude a determinar el valor de la propuesta de venta. Puede ofrecerte pautas acerca de si el precio que se está pidiendo es razonable y puede analizar las finanzas de la compañía para ver cómo se ha operado y si existen problemas ocultos desde una perspectiva financiera.

Determina qué activos obtendrás. ¿Qué tipo de capacitación recibirás? Excepto en circunstancias inusuales, como enfermedad o muerte, se debe ofrecer algún tipo de capacitación como parte del trato. ¿El dueño actual cuenta con empleados que permanecerán en la empresa? Es evidente que no hay garantía de que un empleado se quede una vez que se haga el traspaso del negocio, pero debemos discutir esto a fondo con el dueño original y su personal. Asegúrate de que tengas una imagen clara del equipo, mobiliario, inventario y elementos parecidos que formen parte del trato. Cerciórate que se valoren de manera razonable. A menudo las propiedades de un negocio aparecen en los libros a un precio inflado. Pide a tu contador que analice las cifras con cuidado. Si existe un precio por el fondo de comercio (el excedente del precio de compra del negocio por encima de su precio nominal, un activo intangible), asegúrate de que concuerdes con dicha valoración. Sobre todo debes estar seguro de que tengas un entendimiento claro en relación con quién es responsable del pago de cualquier deuda pendiente o cuenta por pagar. Te conviene contratar ayuda profesional en caso de que compres un negocio. Éste no es momento de pichicaterías.

Muchos negocios requieren de conocimientos especializados y un contador o abogado especialistas serán de mucha más utilidad que un profesional general. Por ejemplo, si el negocio requiere de alguna autorización gubernamental (como una tienda de vinos y licores o una agencia de empleo, bienes raíces o seguros), un abogado que esté familiarizado con el procedimiento para obtener estos permisos puede agilizar el inicio de operaciones o el traspaso de manera considerable. Si el negocio se basa en una patente o en un acuerdo de licencia con el tenedor de dicha patente, un abogado en general no será de tanta utilidad como uno que se especialice en las leyes asociadas con patentes. Lo mismo es cierto en el caso de contadores que tengan conocimientos especializados en alguna industria en particular y cuya ayuda puede resultar invaluable.

Para localizar este tipo de especialista, comunícate con alguna asociación profesional o gremial relacionada. Otro recurso son las personas que ya se encuentran en el campo, sea como competidores o como proveedores de servicios relacionados. A menudo estarán más que dispuestos a recomendarte a algún abogado o contador.

Si no existe alguna circunstancia especial, cualquier abogado o contador apto podrán asistirte en la transacción y con otros asuntos relacionados. Es posible que no sea necesario que contrates un gran bufete de contadores o abogados. Las asociaciones locales de abogados y contadores pueden sugerirte a miembros activos dentro de sus filas. Otro buen recurso para obtener una recomendación son los bancos y los profesionales de bienes raíces.

Después de elegir un abogado y un contador, sé tan franco con ellos como lo serías con tu médico. Para obtener el mejor consejo posible debes divulgar todos tus conceptos y planes relacionados con el nuevo negocio. Sin embargo, recuerda que tú eres quien debe tomar las decisiones. No esperes que estos especialistas las tomen por ti; sólo te darán consejos y recomendaciones que se relacionen con su ámbito de competencia.

Si estás adquiriendo una parte del negocio y el dueño actual será tu socio, tendrás la ventaja de la continuación ininterrumpida de operaciones y la disponibilidad de un colega experimentado que te capacite y te dé consejo. No obstante, debes estar del todo seguro que puedas trabajar con dicha persona y que tengan personalidades compatibles. Una asociación comercial es como un matrimonio. Tu vida puede volverse miserable si no te llevas bien con tu socio.

También debes estar seguro de que la persona tenga un historial de éxitos que puedas ayudar a fortalecer. Si tu nuevo colega es un debilucho que se está aferrando a ti y a la ayuda financiera adicional que le estás brindando para salvar a un negocio en dificultades, asociarte con él o ella probablemente no sea una buena idea.

En cualquier arreglo de este tipo (o en la compra de acciones en una corporación), asegúrate de que tu abogado redacte o apruebe cualquier contrato para garantizar que tu inversión y control se protejan de la manera adecuada.

Franquicias

Obtener una franquicia es la tercera alternativa que puedes elegir para iniciar un nuevo negocio. Al momento de considerar esta vía para conseguir un negocio propio, primero busca a los franquiciantes que se dediquen al tipo de negocio que deseas administrar. Hay tantos tipos de negocios que utilizan este esquema que tendrás una amplia selección de la cual elegir. Acude a las exposiciones de franquicias (se llevan a cabo por todas partes), pide que te envíen literatura y haz búsquedas por internet. Hay una amplia variedad de negocios entre la cual puedes elegir y que puede satisfacer tus nuevas metas profesionales. Después de elegir el campo que te interese, selecciona al franquiciante y determina si es digno de confianza. Averigua qué es lo que recibirás por la cuota inicial de franquicia, qué capacitación te darán, qué equipo o inventario, y qué tipos de servicios continuos después de abrir la franquicia. Debes visitar la mayor cantidad posible de franquicias pertenecientes a la organización. Averigua si los operadores de las mismas se encuentran satisfechos con el servicio que están recibiendo por parte del franquiciante. Reunirte con otros dueños también te mostrará el calibre de personas que han logrado atraer.

Antes de decidir cuál franquicia es la mejor para ti, pide a tu contador que analice el estatus financiero de la compañía y pide a tu abogado que revise el contrato. Asegúrate de que entiendas cuál es la cuota de franquicia y las demás obligaciones financieras, y que sean competitivas respecto a las de otros franquiciantes. El arreglo menos costoso no necesariamente será el mejor. Debes estar seguro de lo que obtendrás por tu dinero y de aquello que necesitas y esperas.

- **Ventajas:** los buenos franquiciantes te ayudan en cada paso del camino. Te ayudan a seleccionar y a establecer instalaciones adecuadas, a determinar un presupuesto realista, te capacitan a ti y a tu personal inicial, te ofrecen consejo en cada fase del negocio y te ofrecen el valor de su nombre como negocio establecido. En pocas palabras, te ayudan a ponerte en marcha con mucha mayor velocidad de lo que podrías lograr por ti mismo.
- **Limitaciones:** lo más probable es que necesites una mayor inversión de capital para operar una franquicia que si estableces un negocio propio. Las cuotas de franquicia difieren de manera considerable dependiendo del tipo de negocio. La mayoría de los franquiciantes podrá ofrecerte un acuerdo para financiar parte de la cuota inicial de franquicia. Además de dicha cuota, es posible que tengas que acordar la compra del equipo, del mobiliario, etc., y que te comprometas a comprar los materiales y suministros del franquiciante. En los

negocios de servicios los franquiciantes suelen cobrar una regalía del total de los ingresos del negocio. Antes de que acuerdes comprar una franquicia asegúrate de saber cuáles son tus obligaciones y que las entiendas a cabalidad.

Otra de las características que puede resultar poco ventajosa de las franquicias es que algunos franquiciantes mantienen un control estricto de sus franquiciatarios. Debes generar un mínimo de transacciones o arriesgarte a perder la franquicia. Asegúrate de que estés enterado de esto y de que las ganancias esperadas sean razonables. Por lo común es habitual que este mínimo se pase por alto durante el periodo inicial y es posible que quieras insistir en ello.

Síntesis y esencia

1. Cambiar de trayectoria profesional puede ser uno de los pasos más importantes que tomemos en la vida. Sea que cambiemos a una profesión cercana a la actual o que pasemos a un campo por completo novedoso, que lo hagamos a través de un cambio de empleo o al adquirir un negocio propio, debemos estar seguros de analizar la situación de manera objetiva y de tomar una decisión con base en hechos sólidos y objetivos.

2. Las decisiones de la importancia que tiene un cambio de empleo o trayectoria profesional no deben tomarse a la ligera. La insatisfacción temporal con tu trabajo no es razón suficiente para cambiar de carrera.

3. Un cambio de trayectoria profesional nunca es tarea fácil. Mientras más envejecemos, más años tendremos en nuestra profesión actual y mayor será nuestro sueldo, lo cual hará más difícil hacer un cambio a otra área. No obstante, una vez tomada la decisión, debemos estar preparados para un trabajo arduo, tal vez para años de reeducación y estudio, para sacrificios de dinero, tiempo y esfuerzo, y para experimentar un sinfín de contratiempos y desilusiones a lo largo del camino.

4. Los orientadores laborales son de gran ayuda para guiarnos en el proceso de cambio de profesión.

5. Nuestro primer paso es analizar nuestros antecedentes. Luego debemos estudiar los campos que puedan ser de nuestro interés. Una vez que hayamos seleccionado una o más ocupaciones es necesario que identifiquemos los aspectos de nuestra formación que puedan estar relacionados o que puedan transferirse al nuevo campo.

6. No desestimes los intangibles que representan un papel tan importante en el éxito laboral: motivación, estabilidad, inteligencia y perseverancia.

7. Un cambio de profesión puede implicar meses de reentrenamiento y de sacrificio financiero. Cuando tomes una decisión sopesa las ventajas de este tipo de cambio contra las dificultades implicadas en lograrlo.

8. Los recursos que puedes utilizar para obtener información relacionada con profesiones específicas incluyen leer publicaciones gremiales asociadas con el campo, estudiar los sitios web de empresas que se dedican al ramo y hablar con personas que al momento estén en el tipo de trabajo o industria que nos sea de interés.

9. Hay veces en que el mejor método para cambiar de profesión es iniciar un negocio propio. Quizá tengas un producto o idea que desees desarrollar o tal vez sólo desees ser tu propio jefe y administrar un negocio.

10. Un negocio significa invertir. Analiza con cuidado lo que el nuevo negocio requiere en términos de capital, gastos de operación y reservas. También considera que en la mayoría de los negocios tendrás que renunciar a cobrar un salario por muchos meses hasta que esté en marcha. Los negocios también implican un riesgo. Si fracasas no sólo habrás perdido tus ingresos del periodo, sino que también existe la posibilidad de que pierdas tus ahorros y los de tus patrocinadores.

11. Por otro lado, las ganancias de un nuevo negocio pueden ser sustanciales. No sólo podrás ganar grandes cantidades de dinero, sino que podrás acumular un capital propio que aumentará tu patrimonio. Un buen negocio siempre puede venderse de manera rentable.

12. Investiga el área a la que deseas ingresar. Visita consumidores o clientes prospectivos. Determina el grado al que se está satisfaciendo al mercado. Ten todos los datos pertinentes antes de tomar una decisión.

APÉNDICE A

SOBRE DALE CARNEGIE

Dale Carnegie fue pionero de lo que hoy se conoce como el movimiento del potencial humano. Sus enseñanzas y escritos han ayudado a personas de todo el mundo a tener más confianza en sí mismas y ser individuos más afables e influyentes.

En 1912 Carnegie ofreció su primer curso para hablar en público en una YMCA en la ciudad de Nueva York. Como en la mayoría de los cursos de oratoria de la época, Carnegie empezó la clase con una ponencia teórica, pero pronto se dio cuenta de que los asistentes se veían aburridos e inquietos. Tenía que hacer algo.

Dale detuvo su ponencia, tranquilamente señaló a un hombre en la última fila y le pidió que se pusiera de pie y diera una charla improvisada sobre sus orígenes. Cuando el estudiante terminó, le pidió a otro alumno que hablara sobre sí mismo, y así sucesivamente hasta que todos en la clase habían dado una breve charla. Con el apoyo de sus compañeros y la orientación de Carnegie, cada uno de ellos superó su miedo y dio una plática satisfactoria. "Sin saber lo que estaba haciendo —reportó Carnegie tiempo después— me topé con el mejor método para vencer el miedo."

Su curso se volvió tan popular que le pidieron que lo diera en otras ciudades. Al paso de los años siguió mejorando el contenido del curso. Aprendió que lo que más les interesaba a los estudiantes era aumentar su confianza en sí mismos, mejorar sus relaciones interpersonales, volverse exitosos en sus carreras y superar temores y preocupaciones. Esto dio por resultado que el énfasis del curso cambiara de la oratoria a tratar estas cuestiones. Las charlas se volvieron un medio para alcanzar un fin más que un fin en sí mismas.

Además de lo que aprendió de sus alumnos, Carnegie realizó un estudio exhaustivo sobre el enfoque de la vida de los hombres y las mujeres de éxito. Lo incorporó a sus clases. Esto lo llevó a escribir su libro más famoso, *Cómo ganar amigos e influir sobre las personas*.

Este libro se convirtió en un bestseller inmediato y desde su publicación en 1936 (y la edición revisada de 1981) ha vendido más de 20 millones de ejemplares. Se ha traducido a 36 idiomas. En 2002 *Cómo ganar amigos e influir sobre las personas* fue nombrado en primer lugar entre los libros de negocios del siglo xx. En 2008 la revista *Fortune* lo incluyó en su lista de siete libros que todo líder debe tener en su librero. Su libro, *Cómo suprimir las preocupaciones y disfrutar de la vida*, escrito en 1948, también ha vendido millones de ejemplares y se ha traducido a 27 idiomas.

Dale Carnegie murió el 1º de noviembre de 1955. Un obituario en un periódico de Washington resumió su contribución a la sociedad: "Dale Carnegie no resolvió ninguno de los profundos misterios del universo. Pero, quizá más que nadie de su generación, ayudó a los seres humanos a aprender a llevarse bien —que a veces parece ser la necesidad más grande de todas".

Sobre Dale Carnegie & Associates, Inc.

Fundada en 1912, Dale Carnegie Training partió de la creencia de un hombre en el poder de la superación personal para convertirse en una compañía de capacitación basada en resultados con oficinas en todo el mundo. Se enfoca en darle a la gente de negocios la oportunidad de pulir sus habilidades y mejorar su desempeño para construir resultados positivos, estables y redituables.

La obra original de Dale Carnegie y sus conocimientos se han actualizado, expandido y refinado de manera constante a través de casi un siglo de experiencias empresariales de la vida real. Las 160 franquicias de Dale Carnegie alrededor del mundo brindan servicios de capacitación y consultoría a compañías de todos los tamaños y en todos los segmentos de la industria para incrementar sus conocimientos y desempeño. El resultado de esta experiencia colectiva y global es una reserva creciente de conocimientos empresariales en la que nuestros clientes se apoyan para impulsar sus resultados.

Con sede en Hauppauge, Nueva York, Dale Carnegie Training tiene representación en los 50 estados de la Unión Americana y en más de 75 países. Más de 2 700 instructores presentan los programas de entrenamiento de Dale Carnegie Training en más de 25 idiomas. Dale Carnegie Training está dedicada a servir a la comunidad empresarial de todo el mundo. De hecho, aproximadamente siete millones de personas han completado el curso de Dale Carnegie Training.

Dale Carnegie Training enfatiza los principios y procesos prácticos al diseñar programas que ofrecen a la gente los conocimientos, las habilidades y los ejercicios que necesita para agregar valor a su negocio. Al conectar soluciones probadas con desafíos de la vida real, Dale Carnegie Training es reconocida internacionalmente como líder en sacar a relucir lo mejor de la gente.

Entre los graduados de estos programas hay directores generales de grandes empresas, dueños y gerentes de compañías de todo tamaño y toda actividad comercial e industrial, líderes de gobierno de los poderes ejecutivo y legislativo, e incontables individuos, cuya vida se vio enriquecida por esta experiencia.

En un sondeo continuo de satisfacción de nuestros clientes en todo el mundo, 99% de los graduados de Dale Carnegie Training se dicen satisfechos con la capacitación que reciben.

Sobre el editor

Este libro fue compilado y editado por el doctor Arthur R. Pell, quien fue consultor de Dale Carnegie & Associates durante 22 años, y fue elegido por la compañía para editar y actualizar *Cómo ganar amigos e influir sobre las personas* de Dale Carnegie. También es autor de *Enriquece tu vida: El Método Dale Carnegie,* y escribió y editó "El lado humano", un artículo mensual sobre Dale Carnegie que se publicaba en 150 revistas gremiales y profesionales.

Es autor de más de 50 libros y cientos de artículos sobre administración, relaciones humanas y superación personal. Además de sus propios escritos, el doctor Pell ha editado y actualizado clásicos del campo del potencial humano, como *Piense y hágase rico* de Napoleon Hill, *El poder de la mente subconsciente* de Joseph Murphy, *Como un hombre piensa, así es su vida* de James Allen, *El sentido común* de Yoritomo Tashi, y obras de Orison Swett Marden, Julia Seton y Wallace D. Wattles.

APÉNDICE B

LOS PRINCIPIOS DE DALE CARNEGIE

Vuélvete una persona más amigable

1) No critiques, no condenes, no te quejes.
2) Brinda un aprecio honesto y sincero.
3) Despierta en la otra persona un deseo entusiasta.
4) Interésate genuinamente en los demás.
5) Sonríe.
6) Recuerda que el nombre de una persona le resulta el sonido más dulce en cualquier idioma.
7) Sé bueno para escuchar. Anima a los demás a hablar de sí mismos.
8) Habla en términos de los intereses de la otra persona.
9) Haz que la otra persona se sienta importante y hazlo con sinceridad.
10) Para sacar lo mejor de una disputa, evítala.
11) Muestra respeto por la opinión de la otra persona. Nunca le digas a una persona que está equivocada.
12) Si tú te equivocas, reconócelo rápida y enfáticamente.
13) Empieza de manera amigable.
14) Haz que la otra persona empiece a decir que "sí" de inmediato.
15) Deja que la otra persona sea la que más hable.
16) Deja que la otra persona sienta que la idea fue suya.

17) Trata honestamente de ver las cosas desde el punto de vista de la otra persona.
18) Sé solidario con las ideas y deseos de la otra persona.
19) Apela a los motivos más nobles.
20) Escenifica tus ideas.
21) Lanza un reto.
22) Empieza con elogios y reconocimiento sincero.
23) Llama la atención sobre los errores de la gente de manera indirecta.
24) Habla de tus propios errores antes de criticar a la otra persona.
25) Haz preguntas en vez de dar órdenes directas.
26) Deja que la otra persona salve las apariencias.
27) Elogia la menor mejoría y elógialas todas. Sé "efusivo en tu aprobación y generoso con tus elogios".
28) Dale a la otra persona una buena reputación que mantener.
29) Usa la motivación. Haz que el error parezca fácil de corregir.
30) Haz que la otra persona se sienta feliz de hacer lo que tú sugieres.

Principios fundamentales para superar las preocupaciones

1) Vive en "compartimentos de un día".
2) Cómo enfrentar los problemas:
   a. Pregúntate: "¿Qué es lo peor que puede suceder?"
   b. Prepárate para aceptar lo peor.
   c. Trata de mejorar la situación partiendo de lo peor.
3) Piensa en el exorbitante precio que tendrás que pagar en términos de tu salud por preocuparte demasiado.

Técnicas básicas para analizar la preocupación

1) Averigua todos los hechos.
2) Sopesa los hechos y después toma una decisión.
3) Una vez que hayas tomado una decisión, ¡actúa!
4) Escribe y responde las siguientes preguntas:
   a. ¿Cuál es el problema?
   b. ¿Cuáles son las causas del problema?
   c. ¿Cuáles son las posibles soluciones?
   d. ¿Cuál es la mejor solución posible?

Rompe el hábito de preocuparte antes de que el hábito te rompa a ti

1) Mantente ocupado.
2) No te agobies por pequeñeces.
3) Usa la ley de probabilidades para suprimir tus preocupaciones.
4) Coopera con lo que es inevitable.
5) Decide exactamente cuánta ansiedad puede ameritar una cosa y niégate a darle más.
6) No te preocupes por el pasado.

Cultiva una actitud mental que te brinde paz y felicidad

1) Llena tu mente con pensamientos de paz, valentía, salud y esperanza.
2) Nunca trates de desquitarte de tus enemigos.
3) Espera la ingratitud.
4) Cuenta tus bendiciones, no tus problemas.
5) No imites a otros.
6) Trata de sacar provecho de tus pérdidas.
7) Crea felicidad para los demás.

«Para viajar lejos no hay mejor nave que un libro».

EMILY DICKINSON

Gracias por tu lectura de este libro.

En **penguinlibros.club** encontrarás las mejores
recomendaciones de lectura.

Únete a nuestra comunidad y viaja con nosotros.

penguinlibros.club

Penguin
Random House
Grupo Editorial

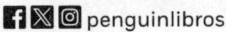 penguinlibros